栃木怪談

深澤夜／編著

松本エムザ・橘百花／共著

竹書房
怪談
文庫

※本書は体験者および関係者に実際に取材した内容をもとに書き綴られた怪談集です。体験者の記憶と主観のもとに再現されたものであり、掲載するすべてを事実と認定するものではございません。あらかじめご了承ください。

※本書に登場する人物名は、様々な事情を考慮してすべて仮名にしてあります。また、作中に登場する体験者の記憶と体験当時の世相を鑑み、極力当時の様相を再現するよう心がけています。今日の見地においては若干耳慣れない言葉・表記が記載される場合がございますが、これらは差別・侮蔑を助長する意図に基づくものではございません。

巻頭言

深澤 夜

東京から東北新幹線に乗って五十分。棚に上げるほどの荷物も要らない。駅弁など食べる暇もなく、リクライニングすら倒そうか迷っているうちに着いてしまう。

車ではどうだろうか。東京では国道4号線などとは呼ばない。昭和通りである。東北自動車道に乗って、渋滞でもなければ埼玉を過ぎてこれまたすぐ。

それほど首都圏から近いのに、あまり目立たない栃木県について話したい。

――そう、あの本はお持ちだろうか。

栃木への旅に最適な、あの本――勿論《もちろん》、先日発売されたばかりの、京極夏彦先生の百鬼夜行シリーズ十七年ぶりの新作『鵺《ぬえ》の碑《いしぶみ》』だ。本書の十数倍かの物量を以て日光を魅力的に描いているのだから、まずこの本を挙げなければアンフェアであろう。

本書も適している。何しろ、当地に縁深い二人の作家の助力を得、よく知られた民話・伝説を避け、リアルで怪しい話を深刻なトラブルにならない範囲で聞き集めてもらった。

本書は、栃木県の怪談本である。週末の旅のお供になれば幸いだ。

それでは、良い旅を。

目次

例幣使街道

日光街道

●……深澤 夜
■……松本エムザ
▲……橘 百花

『橋に想いを』/ 松本エムザ より

奥州街道

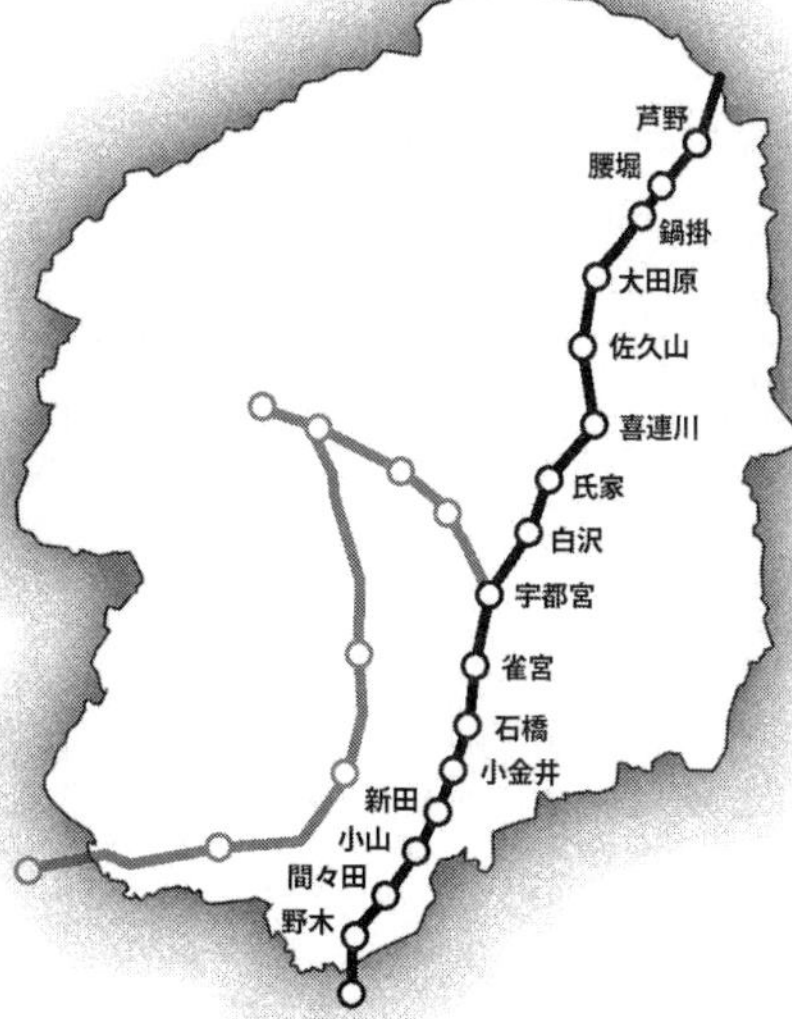

奥州街道は国道4号線からなる主要幹線道路である。東京・中央区で始まり、埼玉、栃木を通って東北方面へと続く。

江戸から日光へ参拝する、最初の道路である。現代では並走する東北自動車道や東北新幹線とも一致し、東日本の大動脈の一翼を担う。歴史的事情から断っておくと、栃木県は関東地方の県である。

栃木県内では、玄関口に位置する野木町、小山市、下野市、宇都宮市と北上する。宇都宮で国道123号、日光街道（119号線）に、さくら市で国道293号と交差する。奥州街道としてはそのまま大田原市、那須へと続く。

一般には国道4号のうち宇都宮以北を奥州街道と呼ぶことが多い。本書では国道4号全体を本章にまとめる。

野木の渡良瀬遊水地を含む広大な平地に古址と田畑。それらを東西に貫くのどかな両毛線の景色——。

本書の旅はこの街道沿い、県南の風景から始めよう。

追いかけて野木

県最南端に位置する野木町《のぎまち》は、「水と緑と人の和でうるおいのあるまち」をスローガンに掲げ、都心部への交通の便の良さから、近年はベッドタウンとして急速な発展を遂げている。

怪談を愛し、且《か》つオカルトや全国の心霊スポットに造詣《ぞうけい》の深い読者の中には、〈野木〉の名前に覚えがある方も多いであろう。廃墟となっている野木町のとある建造物は、長きに亘り心霊スポットとして噂されている。インターネットを検索すれば、現地を探索した訪問者によるブログや動画が驚くほど大量にヒットする。

かつて野木町で暮らしていた、宇都宮《うつのみや》市在住の理香子さん。彼女の記憶では、一九九〇年代後半には無人となり、空き家となった建造物は不良や暴走族が、夜ごと度胸試しに訪れるような場所になっていたという。

とはいえ、廃墟のイメージだけが独り歩きをして、同地が心霊スポット扱いされているような印象を理香子さんは持っていた。実際過去にそこで事件や事故が起きたなどという話は、彼女の耳には入っていなかったからだ。

「廃墟に行ってみようよ」

ある週末の夜、男友達と目的地も決めずに深夜のドライブを楽しんでいた際、車の持ち主である友人が言い出した。理香子さんは、敷地の中に入るのは常識的にどうかと考え、「近くを通るだけなら」と譲歩案を出した。

廃墟が建つ周辺道路をぐるぐると周回する。友人曰く、普段なら路上駐車の車やバイクがあったり、遠目に見える建物の窓から懐中電灯の明かりのようなものが見えたりと、廃墟に訪問者があることが示唆されたが、この日はそれが全くなく、行き交う車も皆無だった。

近隣には、大きな交差点があった。そこに車が差し掛かった折、ようやく別の車のヘッドライトを見つけた。横方向から走行してきた一台のタクシーが、廃墟の方角へ直進していき、理香子さんらは左折してそれを追う形となった。すると、百メートルほど先を走っていたタクシーはウィンカーを灯すと、廃墟に向かう小径《こみち》へと進入し、木の茂みに姿を消した。

「あれ？　車で奥まで入れるの？」

多くの訪問者は路上駐車をして、徒歩で探索しに行くと聞いていたのに。

理香子さんの疑問に運転席の友人も、「いや、そんなはずはないんだけどな」と首を傾《かし》げ、「少し様子を見てみよう」と、路肩に車を停めた。

「心霊スポットに、タクシーで乗り付ける人なんているんだね」

物好きもいるもんだと呆れる理香子さんだったが、友人は何やら深刻な顔で訊ねてくる。

「今のって、本当にタクシーだった？　ルーフのランプ、社名とか見えた？」

所謂行灯《いわゆるあんどん》という奴だ。丸い球状のものが、黒塗りの車体の屋根で白く光っていたので、そう思い込んでいたが、タクシーのランプにしては少々大きすぎではなかったか？

「じゃあ何が、あの車の屋根で光っていたの？」

暫しの沈黙の後、友人は質問には答えずに、

「ちょっと見てくる」

車を降りると、理香子さんが制止する間もなく、謎のタクシーが消えた廃墟への小径へ駆けていってしまった。

街灯もない、民家の明かりも届かない路上で、車の中とはいえ一人残された理香子さん。友人を待つ僅か数分の時間が、不安と胸騒ぎでやけに長く感じられた。

「あの車、出てきた？」

息を弾ませ戻ってきた友人の第一声に、首を横に振る。友の帰りを待ちかねて、凝視し

ていた小径からは、彼以外の人も車も出てきてはいない。

「マジか。消えたわ」

狐につままれたような様子で友人は告げる。小径の先の廃墟近くにも謎タクシーは停車しておらず、誰かが降りて探索している気配もなく周囲は静まり返っていたのだと。

廃墟が建つ敷地は小径の行き止まりになっているため、車が反対側の道路へ抜けることもできない。なのに、謎タクシーは消えてしまった。

薄気味悪さを覚え、とにかくこの場を離れようと車を出す。

自分達が見たのは何だったのか。

考察をあれこれ語り合っていると、

――カチッ、カチ、カチ、カチッ。

会話の合間に誰もいない後部座席から、硬い音が聞こえてきた。キーホルダーがガラスにぶつかっているような音であったが、そんなものは車中にぶら下げていない。何より謎タクシーを目撃する前までは、こんな音は聞こえていなかった。車を停めて二人で探してみても、後部座席に音の原因となるものは見当たらない。

結局異音は、友人の車の後部座席で五日間ほど鳴り続けていたという。

偶然にも栃木怪談を蒐集時、似通った話を伺うことができた。

体験者は茨城県在住の会社員・唯さんの母親である優子さん。当時の優子さんのパート先は、茨城の御自宅から隣接する野木町にあり、バイクで通勤していた。夜間のシフトもある仕事場であったため、優子さんの帰宅時間が唯さんよりも遥かに遅くなる日も月に数回ほどあった。

その日はいつもの夜間シフト時の帰宅時間になっても、母親の優子さんが戻らず、「事故にでもあったのでは」と唯さんは気を揉んでいた。

日付が変わる頃、ようやく母親のバイクの音が聞こえてきたので「遅かったね」と、唯さんは駐車場まで迎えに出た。

すると母親は駐車場にしゃがみこみ、停めたバイクの後輪を何やら覗き込んでいる。愛車が故障でもしたのか？　それが帰りが遅かった原因か？　唯さんが声を掛けると、優子さんは意外な理由を返してきた。

「警察にね、停められたのよ。違反なんてしていないのに」

優子さんによると家路を急ぐ際、警ら中と思われるパトカーにバイクを停められた。だが自分達が停めたくせに、助手席の警官は「あれ？」という顔をして、

「お一人ですよね？」

などと意味不明な質問をしてくる。

「はい？」

不機嫌を丸出しにして対応すると、

「あ、いえ、すみませんでした。お気を付けてお帰りください」

勝手に自己完結をして、パトカーは走り去ってしまった。

「何それ怖い。もしかして警官には、ママが二人乗りしていたように見えたってこと？」

「そう思うでしょ？　嫌な悪戯するなぁと腹が立ったんだけどさ」

直後の優子さんは、警察の悪趣味な悪戯だと判断したらしい。だが、

「パトカー見送ったあとバイクを走らせたら、何かずっと後ろからカチャカチャカチャカチャカチャ変な音が聞こえてきたのよ」

例えるなら、空き缶の中に釘を入れて振っているような音が、優子さんを追いかけるように聞こえてきて、それは自宅まで続いた。

「ホイールに何か入り込んじゃったのかとも思ったけれど、この辺で聞こえてきたのよねぇ」

と言って、優子さんは後頭部付近の空間を指し示した。

以降、優子さんがバイクで走行時、三日ほどこの謎の現象は継続していた。

優子さん親娘はオカルトや怪奇譚には全く興味がなかったのだが、後日、偶然唯さんが、

心霊系動画の鑑賞が趣味である友人から、廃墟の噂と所在地を聞き驚愕した。そこは正しく優子さんが通勤路に利用していた道路の周辺であった。同地には不法侵入を試みる人たちが後を絶たず、周辺住民からの苦情も多く定期的にパトカーが巡回しているとのことで、恐らく優子さんを停めたのもパトロール中の警官であろうと考えられた。

因みに理香子さんの体験は二十数年前、優子さんは三年ほど前。

音が意味するのは警告か、何かの合図か。

二〇二三年十月現在、その建物は未だ現存している。

追っかけ

筈木《はずき》さんが中学二年生のときのこと。同じクラスに秋絵さんという仲の良い友人がいた。彼女はあるバンドの大ファンであった。

「高校は絶対にあの人と同じところへ行く」

そのバンドのメンバーに栃木県内の高校出身の人がいる。その人の母校である高校へ、秋絵さんも進学を希望していた。

『イカ天』の時代である。バンドブームの最中、彼らは原宿の歩行者天国でも人気を集めていた。

筈木さんも演奏を聞いたことがあるが、あまり好みではなかった。それでも秋絵さんが、楽しそうに話すのを聞くのは嫌ではなかった。

いつも通りに筈木さんが学校へ行くと、教室内で数人の女子が固まって何か話していた。秋絵さんが泣いている。何があったのかと訊ねた。

「仕事の帰りにメンバーを乗せた車が、交通事故に遭ったたって……」

この事故で、メンバーの一人が亡くなった。

メジャーデビューを前に、バンドは一時活動停止になるという情報が出た。

もう二度と、彼らの音楽を聴くことができなくなるかもしれない。秋絵さんやファンの友人達は嘆き悲しんだ。

授業が始まるといつも通りに振る舞っていたが、放課後になると秋絵さんは思わぬことを言い出した。


「こっくりさんしたっけ、死んだ人呼び出せないかなぁ」

当時、校内ではこっくりさんが流行っており、放課後教室に残って行う生徒は多かった。遅くまで残っていて、見回りに来た教師から怒られる生徒もいた。

しかし皆、遊び半分にやっているだけだ。なのに秋絵さんがやろうとしていることは恐らく——それには抵抗がある。

結局、筈木さんと仲の良い友人達は、秋絵さんの申し出に同意した。皆、一人だけ仲間外れになることが嫌だったのと、こっくりさんに興味があった。

放課後、筈木さん達は空き教室に集まった。

秋絵さん主導で何やら方位を取り、窓を微妙に開けたり閉めたり調整して、こっくりさんを始めた。

用意した十円玉は、机の上でぴくりとも動かない。

何度か続けて試し、ようやく十円玉が微かに動く。

最初は死んだバンドのメンバーを呼び出すことが目的だった。次にバンドが今後どうなるのか。しかしこっくりさんは、彼女らに意味のある返事をしてくれない。そのうち誰を呼び出しているのか分からない状態になった。

友人らが徐々に抜け始めても、秋絵さんだけは最後まで諦めようとしなかった。


「隣のクラスの山下さんのおばあちゃんが、拝み屋なんだってさ」

山下さんは色白で重い一重の女子だ。おっとりした話し方をする。筈木さんは話したことがない。

以前、ある友人が警察署の剣道教室に通おうか迷っていたとき、一人では不安で友人の山下さんを誘ったのだという。

「うちのおばあちゃん、合気道やってるからさ。剣道じゃなくて、そっちで教えてもらう」

山下さんは誘いを断ったが、その流れで彼女の祖母の話が出てきた。「祖母が拝み屋」

というのは、ちょっとした自慢話のような感覚だ。

その話が秋絵さんの耳に入るまで時間は掛からなかった。

「だったらさ。山下さんのおばあちゃんに頼んでみっけ？」

筈木さんは、彼女が拝み屋とイタコを勘違いしていると思った。

秋絵さん達が頼むと、山下さんは祖母に会ったら話してみると答えた。同居しているのではないらしい。

それから暫くして、山下さんは片耳にガーゼを当てて登校した。

「その耳、どうしたの？　だいじけ？」

山下さんは「だいじだいじ。ちょっと切っただけ」と言うが、痛そうだ。どうしてそうなったかとの問いに、山下さんはそっと話したという。


祖母が山下家に遊びに来た際、例の話をしようとした。

山下さんは二階の自室から出て、階段を下りる――その途中で、片耳が熱くなった。耳に違和感を覚え、手で触ると血が付いた。痛みもなく、出血があった。

「元々おばあちゃんが受けていた件でそうなったのか、これから話そうとしたことでそうなったのかは分からない」

山下さんは怖くなってしまい、祖母に話さなかった。秋絵さん達への協力も拒んだ。

こっくりさんのときも、山下さんに頼むときも一番必死だったのは秋絵さんだ。彼女が推していたのはボーカルで、亡くなった人ではない。

思えば、秋絵さんのこっくりさんのやり方も、普通とは異なる作法だったように思うがそれも定かでなかった。

バンドのほうはその後、無事にメジャーデビューを果たした。

残念ながら人気は続かなかったというが、秋絵さんは彼らの音源を大切にしたはずである。

おかしな家

昭和四十年代、『追いかけて野木』にも登場した理香子さんの父親は東京の墨田区で小型船舶による運送業に携わっていたが、高度成長期に伴い物流の主流が陸送に移り変わることを予測して、職を変え親戚を頼りに、家族を伴い栃木県へと移り住んだ。

親戚が用意してくれたのは、県南の小山市に在する〈間々田《ままだ》〉という地区に建つ空き家であった。

間々田の名の由来は、江戸時代に日光街道の宿場として栄えた間々田宿《しゅく》から。明治時代には東京へと繋がる鉄道の間々田駅も開業しており、人口流入が進んだ同地の発展も期待され、理香子さん一家の未来は希望に満ちていた。

借家は集落の外れの古い一軒家であった。家の裏手には竹藪が広がり、戸口からは畑の間を伸びた長い一本道が、遠く離れて小さく見える隣家までを結んでいた。

「よくこんなところに住めるね。ここは住んだ人間が、みんなおかしくなっちまう家だよ」

その家に住み始めた当初、自宅前の路地で遊んでいたところ、近所のおばさんにこんなことを言われた。まだ幼かった理香子さんは、

「おかしくなる＝おかしい＝楽しくなる」

と判断し、それは嬉しいニュースだと喜んだ。

「この家はどうも変だ」と感じ始めたのは、健康が取り柄だった母親が移住以降寝込みがちになり、理香子さんが連夜悪夢を見るようになってからだ。

夢の中でも理香子さんは、家の前の路地で遊んでいた。すると裏の竹藪をかき分けて、ガリガリに痩せた老人が「寒い寒い」と呟きながら現れる。両腕で自分の身体を抱きしめるようにして、理香子さんの家の前の一本道を進んでいく老人。彼が通り過ぎるとき、

「この人と話をしちゃダメ。声を掛けたらさらわれちゃう」

という思いに囚われ、石のように身体を固くして、老人の背中が小さくなるまで恐怖に震える。が、翌朝目覚めてそれが夢だと分かって安堵する。そんな日々が続いた。

とはいえ、それはあくまでも夢の中の出来事。目覚めれば悪夢の内容などすっかり忘れ、日が暮れるまで外で遊んでいたある日のこと。

夢の中の老人が、現実に現れた。同じように裏手の竹藪から。同じように腕をさすり「寒い寒い」と呟きながら。蝉が鳴く、夏の暑い日であったにも拘らず。

夢と違ったのは、老人だと思われたその人物は、実際にはまだ若い青年であったことだ。

しかし、酷く痩せていた上に疲れ果てた表情のせいで、年齢より老け込んだ印象を受けた

のだ。

道端にしゃがみ、一人おままごとをしていた理香子さんに視線一つ向けず、青年はどこを目指しているのか足を引きずり去っていく。

夢の中では、恐怖で身動きが取れなかった理香子さんだったが、ふと思い立ち自宅へと駆け込み、押し入れから古い毛布を取り出してきた。

これを貸してあげれば、あの人はきっと寒くなくなるはず。

毛布を抱え走って追いかけたが、遠く先まで見渡せる一本道のはずなのに、男性の姿はもうどこにもなかった。

あの人は竹藪の向こうから、どうやって来たのだろう?

抜け道でもあるのかと裏の竹藪を調べてみたが、鬱蒼《うっそう》と竹が生い茂った地面には獣道さえ見当たらない。が、下草の僅かな隙間に、膝下ほどの小さな石碑がひっそり建っているのを見つけた。石碑は苔むして、刻まれた文字は全く判読できない。

理香子さんは何故かこの動かぬ石碑が、寒さに凍え震えて見えたという。

持ち出した毛布を、お供えするように石碑の前に置き、満足して帰宅した。

その日から、いつもの夢を見ることはなくなった。

冬が来て、押し入れから毛布を持ち出したことがバレて叱られたが、石碑の近くを探してもどこにも見つからなかった。

借家で暮らしていた数年間、結局理香子さんの母親はずっと体調が優れなかったのだが、隣町に建てたマイホームに転居すると、すっかり元気を取り戻したそうだ。

「ボロボロだったけれど、兵隊さんみたいな服を着ていたんだよね。その人」

幼少期の記憶を辿《たど》った理香子さんのこの発言に、少々思い当たる節があった。

間々田の地には、関東有数の奇祭〈じゃがまいた〉が開催される〈間々田八幡宮《はちまんぐう》〉が鎮座している。敷地内には、日清、日露そして太平洋戦争に出征し命を落とした、地域の戦没者を弔う忠魂碑が建てられている。

理香子さんが遭遇した兵隊さんと何か関連があるのではと思ったが、彼女のかつての住居から間々田八幡宮は若干距離があった。

慰霊を目的に、小山市を訪れ間々田八幡宮を参拝した。二万坪を超えるという広大な敷地の一部は、間々田八幡公園として開放されている。木々が茂る園内の小高い丘の上に、粛然として忠魂碑はあった。この場所は、間々田八幡古墳群の墳丘でもあるという。

碑には、明治四十一年に建立され、昭和三十三年に現在の地へ移転したと記載されていた。当初建っていたとされる場所は、二キロメートル弱ほど南下した地域。そこは理香子さんが記憶する、幼少期の自宅があった場所から極めて近距離に位置していた。

理香子さん一家がその場所に移り住んだのは、忠魂碑の移転後であった。裏の竹藪に見つけた苔むした石碑は、それに関連した物であったのか。そして理香子さんが遭遇したのは、忠魂碑が移されたにも拘らず、安息の地を求め彷徨《さまよ》い歩いていた、その場所に遺されてしまった魂だったのでは、とも考えられないだろうか。

インタビュー当時に理香子さんから伺っていた、同地に多く居住していた縁戚の一族の名字が大変珍しく、筆者の記憶に残っていた。その名字を持った方が幾人も、忠魂碑に刻まれた戦没者の芳名の中にあったことも書き加えておく。

近隣の宅地化は急速に進み、理香子さんの自宅を囲んでいた田畑も竹藪も、現在では住宅街に姿を変えているという。

〈おかしくなる家〉も、既に解体されて久しい。

思川《おもいがわ》にまつわる話

栃木県南部にある小山駅の西口。そこから歩いて十分ほどのところに思川が流れている。

そこに大きな橋が架かっている。観晃橋《かんこうばし》だ。

平成元年。橋の架け替え工事中に、橋脚に女性の姿の染みが見つかり、ちょっとした騒ぎになった。

「平成四年に四車線化全面開通しているので、そのときの工事だと思います」

当時、小学生だった紗栄子さんは、父親と一緒にそれを見に行っている。

「工事中の観晃橋の橋脚に、幽霊の姿が浮かび上がったらしいぞ」

父親の勤務先が小山市にあり、情報が早かった。

帰宅するなり父は大騒ぎ。見に行くと言い出した。

早速、紗栄子さん達は父の運転する車で現場に向かった。

小山駅から橋を渡り切ったところが現場だった。

彼女達が着いたときにはちょっとした人だかりができていた。

橋脚側面のコンクリート部分に、はっきりした染みが浮き出ている。水で濡れたような染みだ。それが髪を結い、横を向いた着物姿の女性を象っている。

「古井戸に身を投げて死んだ姫君じゃないか」

橋を渡った向こう側に城山《しろやま》公園がある。祇園城跡を整備した城址の公園だ。落城したとき、姫が井戸に身を投げたという話がある。そのお姫様の姿だろうというわけだ。


この騒ぎはすぐにテレビで取り上げられ、地元での騒ぎは更に大きくなった。

「それも一時的なもので、季節が変わる頃には誰も話題にしなくなりました」

紗栄子さんはその後も何度か父親にあの染みはどうなったのか訊ねてみた。

『工事を中断する訳にもいかないから、そのまま進めたんだろう』

祟り云々の話はなかった。

橋はその後、無事に完成している。

栃木市内では赤渕川《あかぶちがわ》、小山市内に入ると豊穂川《とよほがわ》と名称を変えながら、思川へ流れ込む川がある。

数十年前、夏海さんはその川の近くで、火事で焼けた家を見かけた。

敷地はとても広い。人が住めそうな造りの納屋と、横に長い平屋の一戸建てがある。燃えたのは一戸建てのほうだ。

そのお家は火事の後も空き家のまま放置されていた。

彼女の家からその家に行くには、車が一台しか通れないような細い道を歩くことになる。

アスファルトの割れ目から雑草が生えた道だ。

その道の途中で足を止めると、火事で燃えた建物がよく見えた。

夕方、夏海さんが犬の散歩に行ったとき、この道を通った。

道の脇にはドングリの木があり、実が落ちている。

パキッ。

少し離れたところで、ドングリを踏む音がした。誰か来るのかと思い、散歩の足を止める。

　連れている犬が、あの家のほうをじっと見ていた。

　パキッパキッパキッ。

　ドングリや木の枝を踏む音がまた聞こえた。徐々に音が近づいてくる。

　道の先に少し広い農道があり、街灯が点いている。明るいところへ出たかったが、そちらからも音が聞こえた。

　連れていた犬がしっぽを下げ、体の向きを変えた。「帰ろう」といっている。夏海さんは犬に従った。

　音は彼女と犬を追ってこなかった。

　暫くしてから家は取り壊され、現在は全く別の建物が建っている。

　少し調べてみるとその後も、事故物件扱いされていることを知った。火事が理由だと思っていたが違った。

「縊死《いし》……火事の後にも人が亡くなったんだ」

　夏海さんはそのことを知って、この場所が怖くなった。

今はもうないが、昔、小山駅から思川までの道の途中に、ホテルがあった。

友恵さんが二十歳くらい。あるアルバイト募集を兼ねた説明会が、そのホテルで開催された。

「広間みたいなちょっと広いスペースに、大勢が集まっている感じでした」

細かい勤務条件を紙に書いたところ、彼女に紹介されたのはスーパーで試食品を配る仕事だった。面接らしきものもなく、希望すれば済む。

友恵さんは彼氏と遠出する予定があり、その資金のために短期のバイトを探していた。

「説明を聞いているうちに、何だか面倒な仕事だなって感じてしまって」

最後に前方で一人ずつ「いらっしゃいませ、こちらの商品はいかがですか」というセリフを大きな声で言ってから、会場を後にする。

正直そんなことはやりたくなかったが、早く帰りたい一心で従った。

ホテルを出ると、最寄りの小山駅まで歩くことになる。その前にトイレに寄ろうと思ったが、どこにあるか探そうと思ったが、一人でホテル内をうろうろするのは気が引けた。

(駅でいいや)

通路を歩いていると前方に大勢の人の姿があった。

(説明会に来た人かな)

先に会場を出た人たちかもしれない。深く考えずに、その人達の後にくっついていけば外に出ると思った。

(あのバイトは断ろう)

酷く疲れ、溜め息も出た。下を見ながら歩いていると、壁に顔をぶつけそうになった。

目の前は行き止まりだった。

「あれ？　……」

先ほどまで前を歩いていた人たちの姿はなかった。

大勢の人が消えた壁の方向には、城山公園と思川がある。

先頭車両には乗らない

栃木県の小山駅から群馬県にある高崎駅を結ぶ、両毛線《りょうもう》という路線がある。

その路線の栃木駅と思川駅の間、のっぺりとした平地を走る線路に踏切がある。

近くに民家が数軒。他には牛舎と田圃。見晴らしがよく、遠くにある男体山《なんたいさん》や茨城県の筑波山がよく見える。冬には雪で真っ白な日光連山から、乾燥した冷たい北風が吹く。

当時は線路を頂点とした、かまぼこ型の踏切だった。

そこを一台の大型トレーラーが差し掛かり、シャーシが線路部に接触。腹付きの状態で立ち往生となる。

そこへ四両編成の列車が突っ込み、乗り上げる形で脱線した。

「随分昔のことですが、ところどころよく覚えています」

事故の日をよく覚えている女性によれば、彼女は当時小学校高学年。その日の朝も、その踏切を渡って登校した。

授業中、遠くに報道のヘリコプターが飛んでいるのが見えた。学校の周囲で、事件事故の類は滅多にない。

何が起きたか教師から説明があり、校内が騒がしくなった。

「通学路にある踏切は使えない。そこで一つ隣にある踏切を渡って帰ろうということになりました」

校庭をマスコミが使うような話もあり、児童達は集団下校となった。

校門を出てまっすぐ一キロほど細い農道を進む。途中、広めの農道にある横断歩道を渡り、その先のいつもなら左に曲がる道を右に曲がった。

隣の踏切は、事故現場から一キロほど離れている。遮断機の前では教師が児童らの安全確保をしていた。

彼女は家に着くと早速、テレビを点けた。

そこで自分が思っていた以上に大きな脱線事故だと知った。先頭車両と二両目は線路から外れ、特に被害が大きかった。

「怪我人は出ましたが、死者はいなかったのが幸いでした」

国鉄最後の大事故とも呼ばれる。暫くはどこに行ってもこの話で持ちきりだった。

事故から数年後、優香さんの話だ。

彼女の世代は事故のことをよく知っている訳ではない。風化が早かったのは、人的被害が抑えられたおかげだろう。

優香さんは中学生で、しばしば友達と一緒に宇都宮へ出かけた。

地元から東武線で東武宇都宮駅まで。この駅は、東急渋谷駅と同様に百貨店内にある。しかし百貨店は彼女ら若者には合わない。駅を飛び出し、オリオン通り商店街へ。

同じ部活の友達と出かけることが多く、その中に佳恵さんという女子がいた。

「列車事故が起きたとき、先頭車両は危ない。だから乗らないほうがいい」

佳恵さんは電車に乗ると、必ず例の、両毛線脱線事故の話を持ち出す。

——そんなことより、先頭車両に乗りたい。

そのほうが地元駅で改札に近いからだ。他の友人達も微妙な表情で、渋々佳恵さんに合わせる。

列車は四両編成。ラッシュ時以外は本数も少ないこともあって、休日はそれなりに混み合う。混んでいるときは少しでも空いている車両に乗りたいが、それが先頭車両だと佳恵さんが拒否する。

面倒だとは思いつつも、毎回彼女に合わせた。

(あんな事故が、またすぐに起きるとは思えないけど……)

そもそも東武線は、事故のあった両毛線区間に乗り入れてもいない。別の路線なのだ。

あるとき、友人達と修学旅行の持ち物を宇都宮まで買いに行った。佳恵さんも一緒だ。

買い物も済んだ夕方、また東武宇都宮駅で帰りの切符を買った。

改札口の前で、改札係がブースに来るのを待つ。当時は切符に鋏《はさみ》を入れる係がいたのだ。この駅は始発であるため、発着時刻近くにならないとその係が来ず、ホームへ入れない。

この日は日曜で、混んでいた。優香さん達は早めに改札口に来たつもりだったが、既に人だかりができ始めていた。

時間になった。改札を通り、走って車内に乗り込む。

既に座席は埋まりつつあった。だが奥の先頭車両が比較的空いていそうだ。

「どうする？　疲れているし、いいよね？」

ここで座席を確保できないと、三十分以上立ちっぱなしだ。まず起きない事故の心配より、楽なほうを選びたかった。

この日は何も言わずに、佳恵さんも先頭車両に乗った。

「そこまで気にする必要ないよねぇ」

座席に座ってから、友人の一人が聞こえよがしに嫌味を言う。

暫し俯《うつむ》いていた佳恵さんだったが、突然責めるように口を開いてこう言った。

「お兄ちゃんがあの電車の一本前に乗ってたんだよ」


事故前日は水曜だった。この日、優香さんの兄は体育の授業中に足首を捻る怪我をした。湿布を貼って済ませたが、翌朝少し腫れていたため登校前に病院に寄ることにした。

彼は電車通学をしており、病院からは一度帰宅して、それから駅へ行く——予定だった。

ところが兄は病院で、家には戻らないと急に言い出した。そこで母親が車で駅まで送り、予定より早い電車に乗れたのだ。

「事故の電車に乗らなくてよかったね」

友人達は奇跡だと驚いた。

「でも前の日に捻挫しなければ、もう学校にいた時間なんだし事故は関係なかったでしょ。それほんとにラッキーなの？」

佳恵さんのほうは事故当時小学生で、しかも風邪で学校を休み、ずっとニュースを見ていたのだという。

彼女が何故今も事故を恐れているのか、その理由が分かった気がした。

「ラッキーだよ。前にも似たようなことがあったんだもの。そのときも巻き込まれるはずだったのに、予定が変わって助かったような……」

彼女の兄は、そういう体験を繰り返していた。

優香さんは彼女の兄に会ったことはないが、実はあまりいい印象がなかった。

一度、佳恵さんを介して本を借りたことがある。優香さんが読みたかった本を彼が持っていたからだ。

そのとき、優香さんは理不尽に嫌われたのである。と言っても、直接ではなかったが。

――『お兄ちゃん、怒ってたよ。もう貸さないってさ』

優香さん以外は全員、新栃木駅で降りた。彼女だけは、一つ先の栃木駅で下車する。友人達がホームを歩いているのを、列車の窓越しに見送った。

(あれ？　佳恵ちゃんがいない？)

彼女もこの駅で降りたはずだが、友人達と一緒に歩いていない。ホームにも姿がなかった。次の栃木駅で優香さんが降りると、佳恵さんとよく似た人が離れたところを歩いているのが見えた。その人は駅の階段を上ると、改札口ではなく別のホームへ移動していった。

栃木駅で乗り換えるなら、両毛線で小山方面か、群馬県の高崎方面に向かう列車がある。先行する電車はないのだから、もし佳恵さん本人ならば、新栃木では皆と一緒に降りたふりをしたことになる。

（佳恵ちゃん、どこへ行く気だろう）

優香さんは心配になったが、そのまま帰路に就いた。

次の日から続けて三日間。佳恵さんが学校を休んだ。

「酷い腹痛でさ。もうだいじ」

四日目に無事に登校したが、まだ少しお腹が痛いと話していた。後日、聞いたところでは、何かの肉を食べて当たったと本人が言ったのだそうだ。

学校を休んでいる間に、佳恵さんの家で飼っていたチャボが全滅したという。チャボは鶏を小さくした鳥で、田舎ではよく飼われている。庭にある立派な鳥小屋を、彼女の家に遊びに行ったときに見たものだ。

彼女の家族は『野良猫の仕業じゃないか』と言うが、チャボは踏み潰されたような死に方をしていた。

「庭に埋めてあげたの、私……」

――やったのは、お兄ちゃんかもしれない。

佳恵さんが三日も休んだ本当の理由は、こちらにある。そんな気がした。

これも後日聞いたことであるが、宇都宮からの帰り、やはり佳恵さんは新栃木駅で降りていなかったのだそうだ。彼女がその日一人でどこへ向かったのか、それを教えてくれることはなかったが。

それより優香さんには、今にして納得がいかないこともある。佳恵さんの兄――彼が幾ら不運だったとしても、それはあくまで兄の問題だ。なのに佳恵さんは、それが自分にも起こると確信していた節があった。

――もしかすると、佳恵さんは兄のことが嫌いだったのだろうか。

大きな謎を残したまま、この少女の物語は終わる。

不確かな存在

大内さんは栃木市と小山市の境界近くに住んでいる。

駅や学校が遠く、不便に感じることも多い。家を出て少し歩くと、辺りは長閑《のどか》な田園風景だ。

周囲は平野で大きな建物もない。遠くにある日光連山や、茨城県の筑波山がよく見える。

彼女の家では犬を一匹飼っていた。

「道と行っても車一台が通れる幅で、アスファルトも穴だらけ。雑草の生えた場所を歩きます」

そこは一日を通してほぼ車が来ない。通ったとしても農作業用の軽トラックくらいだ。数キロ先までよく見えるから、他のお宅の犬が散歩中ではないかなど確認も楽だ。安心して犬を連れて歩くことができる。

街灯が大きな県道にしかないため、この道は夜間真っ暗になる。懐中電灯は必須だ。

日が暮れてから、大内さんは母親と一緒に犬の散歩に出かけた。一人ずつ懐中電灯を持ち、いつもの細い道に入った。

そこから暫くはまっすぐ道なりだ。

そのとき、犬が道の左側にある田圃に向かって突っ込もうとした。道と田圃の間には用水路があり、そこに犬の足が入った。

「どうしたの？」

母親と大内さんは持っていた懐中電灯を、田圃のほうへ向けた。

田圃には青々とした稲が、膝くらいの高さまで育っている。その稲と稲の間から顔を出しているものがいた。

ピンと立った耳。犬の頭と形状は似ている。中型犬くらいの大きさだ。

マズルはあるが口がない。鼻、両目もない。毛は太く、硬そうだ。泥水で汚れ、びっしょりと濡れている。

飼い犬が興奮した様子でそれを見ている。リードを緩めれば飛びつきそうな勢いだ。

「えっ、何、これ。犬？」

二人は懐中電灯で目いっぱい照らしてみたが、それが何の動物か分からない。

　暫くそのまま見ていたが全く動かず、生きているのか死んでいるのかも謎だ。

「この子が襲われたら大変だから、もう帰ろう」

　母親が犬を引っ張ってその場を離れる。大内さんも慌ててついていった。

「あれ、なんだったんだろう」

　どうしてもあれが何だったのか、気になって仕方ない。二人ともはっきり見ているのだから、幻ではない。

　目撃した場所から数十メートル離れたところで、長めの竹が道に落ちていた。

「これ持って、さっきのところ戻ってみない？」

　大内さんがこう言うと、母親も賛成した。竹を拾うと、二人は急いで歩いてきた道を戻った。

「この辺だよね」

　道が濡れている。犬が用水路に足を入れた場所で間違いない。

　二人は懐中電灯で稲のほうを照らした。

　そこには何もいない。

大内さんは拾ってきた竹で、稲の間を突っついた。手応えは全くない。飼い犬も無反応だ。周辺の稲の間も隈なく探した。

「何もいないね。そもそもあれって生きてたんだ」

ここにいないということは移動したということだ。動物の死体ではない。

諦めてその場に竹を捨て、そのまま家に帰った。

次の日。まだ明るい時間に犬の散歩に出かけた。昨日の夜と同じルートを歩くことにした。

細い道を進むと竹が落ちている。昨夜の場所はここだとすぐに気付いた。改めて稲のほうを確認したが何もいない。

この道をその後何年にも亘って毎日歩いたが、それを見たのは一度きりだった。

仮の住まい

山根さんは下野《しもつけ》市にある二階建ての一軒家で、両親と一緒に暮らしている。

今の家は随分前に建て直された。これはそのときの話だ。


山根さんの勤務先に、同居している両親から緊急の電話が来た。

「家が火事になった」

火元は隣家だったそうだ。それが燃え移って家は半焼。幸い両親に怪我はなかったものの、自宅はどう頑張っても住める状態ではなかった。

暫くは近所の公民館を貸してもらい、そこで寝泊まりした。近所の人達も生活用品を都合してくれた。

ショックを受けていた彼も、自分がしっかりしなければと立ち直った。

(新しく建て直そう)

このまま公民館で暮らす訳にはいかない。家が完成するまでの間、どこか仮の住まいを探さなければと思った。

働きながら仮の住まい探しと契約。元の暮らしに戻るまでの長い道程を思うと、眠れないこともあった。


そんなとき、父親の知り合いの会社から連絡が入った。

会社が所有する物件で、今は使っていないものがあるのだそうだ。一階はガレージ、二階が居住スペースになっており、小さな台所もある。

「よかったらどうでしょう。風呂がないので不便でしょうが、家族三人が寝るくらいの広さはありますし、家賃も要りません」

光熱費だけで済むなら、家が建つまでの限られた期間、賃貸を契約するよりずっといい。

山根さん一家は、暫くの間そこを借りることにした。


その家は、倉庫のような外観であった。

一階の広いガレージの横に、通りに面した一枚ガラスのドアがある。そこから階段を上がると、居住部に通じるもう一枚の扉があった。

中は踊り場のような短い廊下になっていて、その右手に一室だけ部屋がある。

畳敷きに、小さなテーブルと食器を入れる棚。更に小さな冷蔵庫にテレビまであった。

部屋はこの一室のみ。十分な広さがあるが、紹介の経緯もあって〝仮眠室〟という言葉が浮かぶ。

一階駐車場も、自由に使って構わないとのことだ。風呂は銭湯がある。夜は近所の人から借りた布団を横に並べて眠った。

(屋根のある場所で寝られるなら、それだけで有り難い)

節約は家の再建の助けになる。何より助けてくれた人達の優しさに涙が出た。

ここでの暮らしに慣れてきた頃、母親が妙なことを言った。

「夜中に誰かが、階段を上がってきたような気がする」

鍵が付いているのは一階入り口のドアだけだ。父親が「泥棒か?」と慌てて確認したが、しっかりと施錠してある。

ならば階段を上がることはできなかったはずだが。

「階段を下りる音がしなかったのよ。変なのよねぇ」

気のせいか、聞き間違いかもしれないと母親は謝った。

心配性の山根さんは毎晩、寝る前に入り口を確認するようになった。

その後、母親が同じような不安を口にすることはなかった。

一時はやはり聞き間違いだったとほっとしたのだが。

今度は山根さんが足音を聞いた。そのとき、家には彼一人きりだったという。

ギシギシと階段を踏む足音に気付いて、彼は母親の話を思い出した。

まだ明るい時間であった。こんな時刻に泥棒でもないだろうが、この建物は駅から離れたとても静かな通りにあって――音には嫌でも敏感になる。

足音は、上がってくる。

ドアが開くような物音もなかった。普通の訪問者ではない。

彼は慌てて部屋のドアを開けた。階段を上から見れば、誰もいないことは一目で分かる。

そしてやはり、鍵は掛かったままだった。


この日をきっかけに、階段を上ってくる足音が頻繁に聞こえるようになった。

音だけだ。そのたびに階段を確認した。

階段を上る音はしても、下りる足音が聞こえたことはない。

泥棒とも思えないが、全てを失った後の彼にとっては、どうしてもその可能性を捨てきれない。いつか本当に誰かが無断で侵入してくるのではないかと思うと、落ち着かない生活になった。

母親が家で一人になることを怖がり始めた。

仮住まいだと耐えていたが、このままでは身体か心が壊れてしまう気がする。

持ち主に相談してみようかとも思ったが、どう説明したらいいか。厚意に対してケチを付けることにもなりかねない。

住み続けて気付いたこともある。階段を上り切った踊り場の奥、そこの壁が異様に薄いのだ。押しても叩いてもベニヤ板のようで、中は空洞のようだ。

(この奥に空間があるのか……?)

引っ掛かるものがあった。この二階は、一階ガレージに比して奥行きがない。

何度も壁をノックして耳を付けてみた。

壁の奥は無音。そんな当たり前のことにほっとした。

結局、一家はそこで暮らし続けた。

足音の主は、部屋には入ってこない。一階の戸締まりさえきちんとしておけばいい。自分にそう言い聞かせた。

家が無事に完成し、そこを引き払う日が来た。手続きと謝礼のために訪れた持ち主の事務所で、山根さんは堪り兼ねて訊いてみた。

二階の階段突き当たりの奥に何があったのか。

「ああ、あそこは以前、物置部屋があったらしいですよ」

何故塞いだのか——その説明はなかった。

橋に想いを

「大瀬橋《おおせばし》に連れて行って」

当時小学校六年生だった息子さんが車で送ってくれと頼んできた場所は、ナルミさんが初めて聞く名前の橋だった。ナルミさんは県外からの移住者で、さほど栃木の地理に詳しくなかったため、その橋で釣りでもできるのかと単純に考えていたが、息子さんは、

「夜、暗くなってから行きたい」

などという。そこが心霊スポットだと紹介されたネット動画を見て、是非自分も深夜に行ってみたいのだと目を輝かす。当初は友達皆で自転車で行こうと計画したが、往復六時間近く掛かると分かったので、誰かの親に車を出してもらおうとなったらしい。

「とんでもない」と、ナルミさんは息子さんの要請を拒否した。心霊スポットなんて不良のたまり場に決まっている。興味本位で行ったりしていい場所ではないと。

「私もネットで調べてみたんです。どうやら昔その橋で大きな事故があって、成仏できない被害者の霊が出るって噂になっているみたいで。でもそれを書いているのは、どれも怪しいオカルト系のサイトばかりなんですよ」

橋の名前を再確認して納得した。那須《なす》岳を水源とし、栃木、茨城を流れ太平洋へと注ぐ一級河川・那珂《なか》川。栃木県南東部に位置する茂木《もてぎ》町において、那珂川に掛けられた橋が、ナルミさんのいう〈大瀬橋〉だ。

確かにネットで橋の名前を検索すると、幾つかのサイトで栃木県の心霊スポットとして紹介されている。そしてその由来は、同地で橋の建設工事の際に事故が起き、多くの死亡者が出た〈らしい〉。その無念を訴えるように、霊が人々の前に現れる〈らしい〉。と、あくまでも俗説としてまとめられているものが多く見られた。

不確かな情報に踊らされるなんて不本意だと、ナルミさんは噂の真偽を確かめるべく、公共機関に問い合わせをしたそうだ。

『勤続して何年か経っていますが、そのような噂は耳にしておりません』

対応してくれた若い職員は困惑した声音ではあったが、満足いく回答を提供してくれたという。

「息子にもデマだって伝えたんですけれど、ああいうサイトって取り締まったりできないんですかね」

筆者に対しても、そう厳しい口調で訴えるナルミさんに、

「完全にデマだと立証できれば削除依頼も可能だろうけれど、少し調べさせて」

と、結論を出すまでに猶予を貰うことにした。筆者自身でもネットの記事に目を通したところ、噂のみが独り歩きしているにしては、幾つか気になる点があったからだ。

茂木町・大瀬橋近辺には、筆者も何度か足を運ぶ機会があった。川沿いに屹立《きつりつ》する〈とちぎ景勝百選〉に選ばれる鎌倉山は、秋から初冬に掛けての雲海を始め四季を通じて絶景を楽しめ、展望台からは清く流れる那珂川に架けられた、全長約二百九メートルの堂々たる大瀬橋の姿を眼下に望むことができる。夏は那珂川最大級の規模を誇るやな場（川に設置したすのこに打ち上げられた魚を集める、梁《やな》漁で捕れた魚を提供する食事処）が賑わい、付近一帯は那珂川県立自然公園としても指定され、自然環境保全が推進されている。

尊い人命が失われるような大きな事故が、橋の建設時に起きていたとしたならば、近隣に慰霊碑や鎮魂碑のようなものが建っていてもおかしくないだろう。だが橋の周辺にはそういったものは見られない（一部のサイトで慰霊碑として紹介されていた、橋の北側、川の西岸に位置する大瀬園地に立つ石碑は、川での漁猟に関連する〈魚魂碑〉である）。

そこで県立図書館に赴き、過去の新聞記事を閲覧・検索し、真相が判明した。

事故は起きていた。悲劇的な事故が。

建設現場で起きた橋梁事故の第一報は、昭和五十一（一九七六）年二月二十日、全国紙の夕刊一面で伝えられていた。翌日二十一日には、栃木の地方紙である下野《しもつけ》新聞でも、一面二面を使って大きく報道されている。

二月二十日未明、午前四時十五分頃、橋脚基礎工事の工程で、水中に掘られた潜函《せんかん》（水中作業の空間確保のためのコンクリート又は金属製の箱状の構造物＝ケーソンとも称する）内に空気を送り込むコンプレッサーが故障・加熱し、オイルが燃焼して発生した一酸化炭素が函内に吹き込まれ、函内の底部で作業をしていた六名が、ガス中毒により死に至った。後日の報道では、事故は安全不確認によるものであると、コンプレッサーの管理責任者が業務上過失致死容疑で逮捕された。いわばこれは人災である。

亡くなった六人は、いずれも山形県からの期間工、所謂出稼ぎ労働者であった。故郷、そして家族からも遠く離れた地で、夜を徹した作業中に、人為的ミスによって命を落とした彼らの無念は、いかばかりか。

——大瀬橋には、作業服の男性の霊が現れる。

かねて見聞きしていたそんな目撃談や噂も、事故の詳細を知ると恐れよりも遥かに深い哀惜を感じざるを得ない。

「そうだったのね」

詳細を伝えたナルミさんも、同じ心境であったのだろう。送られてきたメッセージからは当初の怒りは消え、静かな困惑が読み取れた。更にナルミさんは、「あの後、ママ友から大瀬橋の近くで体験した不思議な話を聞いた」と綴《つづ》ってきた。是非詳細を伺いたいと、御友人との取材の場を設けていただいた。

ナルミさんと同じく県外からの移住組のサオリさんは、三男児のお母さん。アウトドア好きの御一家である。

大瀬橋近辺も、一家がよく訪れるスポットであった。登山にキャンピング。特に子供達のお気に入りは、やな場でのアユ漁体験と、橋の近くの河原での川遊びだった。

ある年の夏、子供達を連れて川の西側の河原で遊んでいた際のこと。サオリさんは、河川の浸食によってできた地層が露頭している、対岸の崖に目を留めた。

黒い染みが幾つも、地表に浮かび上がっていた。川を訪れた直後、河川周辺の景観を眺めたときにはなかった染みだ。それは、人の形によく似て見える。

雨の水でも染み込んだか？　こんな短時間に？　おまけにここ数日、気持ちいいくらいの快晴が続いているのに？

気になりはしたが、元気一杯三男児の母であるサオリさんとしては、水場での事故には細心の注意を払わねばならないと、その後は崖の染みよりも子供達の動向に集中していた。

未就学児の三男につきっきりで世話をしていると、二人で遊んでいた小学生の長男と次男の言い争う声が聞こえてきた。喧嘩の理由を訊ねると、弟が怖いことを言うせいだと兄が訴えてくる。

「向こう岸に誰もいないのに、人がいるとか変なこと言うんだよ」

対岸に人がいる。どこかに崖を下りられる道があるはずだ。探してみようと、弟が探検を持ち掛けてきた。だが弟が指差す方向に、人の姿など見えない。なのに誰もいない岸に向かって「ほら、おじさん達が手を振って呼んでくれているよ」などという弟の言動が、気味が悪いのだと怯える兄。

すぐにサオリさんも視線を向けたが、川の向こうの狭い砂地には誰の姿もない。そしていつの間にか、崖の表面に浮き出ていた人型の染みも消え、朝見た景色と同じに戻っていた。そのとき、

「バイバイ」

抱っこしていた三男が、対岸に向かって小さく呟いた。

「誰にバイバイしているの？」

サオリさんが問いかけると、

「おじちゃん達」

そう、幼い息子さんは答えたという。

サオリさんが崖の表面に見た人型の染みと、二人のお子さんが目撃した〈おじさん達〉が、亡くなった六人の作業員であるとは無論断言はできない。だが、センシティブな話題であることを前置きして、過去に大瀬橋で起きた悲劇をサオリさんに伝えると、

「私達が楽しく川で遊んでいるのを見て、故郷で待つ御家族を想って、彼らも姿を現したのかもしれませんね」

筆者が抱いた所感同様、サオリさんも、子を持つ母親らしい見解を聞かせてくれた。


ナルミさんが問い合わせをした若い担当者は、自身はまだ二十代だと称していたと聞く。そこで筆者は町の史跡、遺跡に詳しい部署へ改めて訊ねてみることにした。数箇所の担当部署を経て、当時学生だったという男性からお話を伺うことができた。

「事故のことはよく覚えています。大変衝撃的な、痛ましい惨事でした」

だがその後、近隣に慰霊碑などを建立しようという話は聞かなかったし、存在も認識していないとのこと。その点については、男性も非常に遺憾であるという。

橋建設以前、同地で両岸を結んでいたのは、木造の小さな渡し船のみであったそうだ。橋の完成は地域の生活環境を大きく向上させ、急病人の搬送や災害時の緊急車両の走行時間短縮にも繋がったといえよう。救われた命も、数多くあるはずだ。

先の若い担当者しかり、年月を経て、事故があったことさえ知らない人たちも増えている現況を憂い、

「犠牲者の死を悼む気持ちと、命を捧げて橋の建設に携わってくれたことへの感謝の念を、風化させるべきではない」

との男性の御意見に強く賛同し、本書に綴らせていただいた。

「また来年の夏も行くと思いますよ。あそこの風景も川も、お気に入りなんです」

取材を終えて、サオリさんは最後にそう語ってくれた。

清らかな川の流れと、青い空に映える水色の橋。

筆者も大好きな光景である。

高すぎた塔

宇都宮から奥州街道（国道4号線）を進むと、北東のさくら市に至る。

さくら市は二〇〇五年に合併でできた市で、元々の氏家《うじいえ》と喜連川《きつれがわ》という奥州街道の宿場町二つを擁するものだから、「そういう市があるんだ」という以外に歴史的・地理的には何も表さない。ただし名前は良い。

渋谷と青山だって個別にはブランドで地形も表しているが、混ぜてしまったら山谷であり、台無しである。ここではまずこのような問題から、説明がしにくい。

氏家は、開けた土地、国道沿いに大きな駐車場を持つ平たく巨大なスーパーやらが並ぶ便の良いところで、ひとまず埼玉の16号沿線をイメージしていただくと良い。

国道293号で北東へ抜けると潰れたラーメンチェーン店を超えて、いよいよ関東平野も終わりになる。

山の先が喜連川だ。氏家とは打って変わって山がちの、かつての要害である。温泉付きの別荘地として売り出しているので、東京の地下鉄でも広告を見かけた人がいるかもしれない。

２９３号に平行する堤防には見事な桜並木があり、荒川と直角に交わるところの〈道の駅きつれがわ〉が栄えていて、一見するとここが喜連川の中心と錯覚する。

しかし本来の喜連川は昔の城下町で、ここより少し北寄りの複雑な造りの町だ。かつての喜連川藩――この藩を開いた足利国朝《あしかがくにとも》の子・義方《よしかた》が喜連川頼氏《よりうじ》によって誅殺《ちゅうさつ》されて以来、城下に義方の怨霊が現れて領民が荒れたという伝説が、『栃木の城』（下野新聞社）に紹介されている。

２９３号から更に北へは、住宅地が点在する。

付近の一軒家に家族で住む川田さんは、そこで不思議な体験をした。


「元々、旦那が一人で通ってたんですよ。喜連川に。それで『ずるい』って言って――」

川田さん一家は元々宇都宮市内に住んでいた。それが旦那さんに連れられて数度訪れるうちに『ここに住みたい』と思うようになったのだそうだ。

前述のように喜連川は住宅地として売り出しており、都会育ちの川田さんの心を掴んだ。かつてあった倉ヶ崎城の〝崎〟は、山が平地に突き出した地形を意味する。広々とした山裾の光景か、温泉か――彼女の場合は専ら、趣味のゴルフ場が近いのが魅力であったそうだが。

お子さんが小学校に上がってしまってからでは大変になる。

そこで思い切って転居した。

彼女らも、4号線から293号線へ入って北東へ――旧293の見事な桜並木を通った。たまたま家族で住むのに丁度良い空き家が見つかったのだ。いずれは家を建てて定住するかもしれないが、まずは借家暮らしである。

古い二階建て一軒家だ。それでも宇都宮市内の手狭なアパートに比べれば、川田さんにとってはずっと良いと思えた。


転居して間もないある日、娘さんが二階から駆け下りてきた。

そのまま一目散に庭先へ飛び出し、きょろきょろと周辺を窺う。

川田さんも続いて庭へ出たが、娘さんが何を探しているのかさっぱり分からない。

どうしたのかと訊ねると、二階の窓から風船が浮かんでいるのが見えたのだという。

「風船屋さんが来た」

娘はそう口走ったが、何もないところで家々を訪ね歩く流しの風船屋など聞いたこともない。いたとしても勝手に庭に入ってくることはないだろう。

聞けば赤い風船と白い風船が浮かんでいるのを確かに見たと、興奮気味に語る。

何だかやたらに縁起がいい。どこかの店のセール会場から風で流れてきたものかと思ったが、その風船自体も見当たらないのだ。

「ゆきちゃん、怖い映画見た？　ピエロのやつ」

「みてないよ！」


暫くして、今度は川田さんが二階で洗濯物を畳んでいたときだ。

ふと、妙な視線を感じて辺りを見渡した。

すると大きなサッシの向こう、小さなベランダのすぐ向こうに二つ、赤と白の風船が浮かんでいる。

（これが——あの？）

娘さんが見たという、風船だ。

風船は紐で繋がれ、高く上がってゆくわけでもなく、そこにゆらゆらと揺れている。

（——『風船屋さん』）

娘さんの言葉を思い出す。

距離からして庭だ。そんなものがいるならそれは不審者に違いない。

夕刻である。一階の居室では、娘さんが一人でテレビを見ているはず。

川田さんは弾かれたように立ち上がり、急いでベランダに飛び出した。

すると――。

強烈な違和感と、寒気があった。空は穏やか過ぎるほどに晴れ、風船はふわふわと揺れているだけなのに、風が強い。

遠くの木々も静かだ。荒川を横切り、山へと飲み込まれてゆく国道293。延々と続くゴルフ場や、更にその向こうの――。

――おかしい。

二階のベランダからそこまで遠くが見えるはずはない。

慌てて庭を見下ろし――彼女はベランダの柵を掴み、その場にへたり込んでしまった。

庭が恐ろしく遠い。高いのだ。

庭までたった三メートルの二階のはずが、宇都宮のアパートの九階から見下ろすより高い。お丸山公園のスカイタワーや、宇都宮タワーに匹敵するほど高い。

(――どうなってるの)

彼女は、気が狂いそうになるのを必死に耐えた。

這って部屋に戻りたいが、これほど高いとベランダの柵から手が離せない。

目の前に、風船が二つ浮かんでいた。

そのうちの一つ、赤いほうが、くるりと回転する。

そこに、顔が描かれていた。油性ペンで描いたような、人の顔だ。

——子供の顔。

見覚えはない。

彼女はそのまま、気を失った。


「——その後すぐ旦那が帰ってきて、起こされましたけど。娘はずっと一階でテレビ見てたって」

環境が変わって疲れているのではないかと旦那さんは心配した。

その傍で、娘さんが一生懸命風船を膨らませていた。

「『庭で拾った』って言うから、取り上げて捨てました」

捨てるとき、彼女は思わずその風船を見た。

赤い風船で、所々に黒いインクの汚れがある。

「念のため、娘に聞いたんです。『これあなたが描いたの?』って。そしたら——」


『描いてくれた——』

そう言ったのだそうだ。

「『誰が？』って、思わずキツイ言い方になっちゃったから、娘はシュンとしてそれからは何も話してくれなかったけれど」

最近、また訊ねたところ『庭にいた、知らない男の子だった』と明かしたという。

何処の誰かは分からない。

奇妙なことはそれきりで、川田さんはその後も喜連川に住み続けている。尤《もっと》も、家は新たに買ったそうだが。

喜連川の温泉は美肌の湯とも言われ、市営の安い温泉もある。道の駅きつれがわには足湯もあるので、観光にお越しの際は是非気軽に試していただきたい。

最近のお気に入りは温泉まんじゅうならぬ〝温泉パン〟だそうだ。地元企業が展開しており、あちこちで買うことができる。

筆者も食べたが、味も食感もベーグルのようにしっかりした美味しいパンだ。見た目も寄せて、ベーグルとして売ったら付加価値が上がって化けるかもしれない。

＊

もう一つ、こんな話も紹介しておこう。

舞台は宇都宮市内である。諸般の事情により詳細は伏せるが、ある時計塔の話だ。

高さはおよそ地上七階に相当する。一般的な学校の校舎の倍程度の高さを想像していただければよいだろう。

かなり目を惹く立派なものだ。

ここには一つ噂話がある。

最上部の壁面に、かつて時計塔の最上部で自殺した女子学生の書いた血文字が遺されているというのだ。当時、付近の高校に通っていた結子さんは、更に先輩からその話を聞かされており、学校新聞のネタにしようと考えた。

その気持ちはよく分かる——彼女はデジカメを片手に塔に上ろうとしたが、生憎《あいにく》常時施錠されており、なかなか入ることができなかった。

「管理してる人——にも頼んでみたんですけど、『普段、人を入れてないからダメ』って言われて」

彼女は昔、その塔に上った人の話も聞いていた。昔は上れたはずなのだと食い下がってみたものの、管理人は不審そうに繰り返し来意を訊ねるのみ。

一旦、彼女は諦めることにした。

ところが晩秋のある夕方、彼女の思いが通じたのか——その時計塔の扉が開いていたのだという。彼女は、恐らく管理人がそれとなく融通を利かせたものだと思った。何度目かに頼んだ、その直後のことであったからだ。

結子さんはカバンから取り出したデジカメを手に、塔の上部を目指して階段を上った。

薄暗い内部は埃っぽく、黴《かび》臭かった。

非常口のように閉鎖的で狭い階段を、踊り場から踊り場へと上がってゆく。

ところが、上っても上っても最上階に着かないのだ。

感覚的には八階分近く上がったところで、いよいよこれは何かがおかしいと気づいた。

ずっと同じ景色。

同じ階段。

時計を見ると丁度夕方の五時だったが、聞こえるはずの時報の鐘さえここには響いてこないのだ。

本当に自分は時計塔に入ったのだろうか、と疑う。間違って別の建物に入ってしまったのではないかと。

だがその時点でもう十階分以上は上った感覚があり、付近のどこにもこれほど高い建物はない。

そう気づいた途端に、それまであった余裕のようなものが吹き飛んだ。

足腰に突然疲れを感じて、これより上り続けることが身体的にも心理的にも無理になる。

彼女は諦めて階段を下り始めた。

下るのも一体何階分下りなければならないのか——そう思ったが、幸いにも三、四階分ほどで元のドアから外に戻れた。

へとへとになった彼女だったが、すぐにもう一つ異状があるのに気付いた。

デジカメが発熱し、見てみるとバッテリが尽きていたのだそうだ。

彼女は慌てて、ＰＣにメモリースティックを入れて中身を確認した。すると前日までの撮影データが全て破損しており、容量一杯まで延々と階段の写真が続いていたのだそうだ。

「……私、あの時計塔で一枚も撮ってないんですよ、写真」

そもそもケースに入れたまま、デジカメを出していない。そのデジカメはレンズカバーをスライドさせるタイプで、何かの弾みに撮像してしまうことはないはずなのだ。

同日撮られた何枚もの写真は変わり映えこそしなかったが、段々と白みがかってゆき、最後のほうの写真は真っ白になっていたという。

夜泣き

栃木県東部に位置する、ある市での話だ。

県境にもほど近いこの町は、起伏に富んだ地形を持つ。

夜早く、七時八時の頃には町の中心部から人通りが消える。そういうところだ。

この土地で生まれ育った荒井さんは、とある出来事を覚えている。

「高校までの通り道だったんですよ」

綺麗な、しかしうねった道で自転車のペダルを漕いでいた。

高校生ともなると部活やら文化祭の支度やら、帰りが真っ暗になってしまうこともしばしばある。

彼女は高校が比較的近所であったためか、三年生になっても原付き通学が認められなかった。

学校近くは既に真っ暗だった。しかしその道に差し掛かる頃は、車の通行量もあり、遠くのゴルフ場のライトアップで心なしか明るく感じる。

暗いことには変わりないのだが。

「横っちょに、林がずーっと並んでて。大きな林じゃないですよ。スッカスカの林です」

すかすかであれ、夜道には鬱蒼と見えただろう。

手前に家もなく、工務店の重機置き場、コイン精米機がぽつぽつとあるくらい。

林の向こうに広がるのは、畑だ。そして広い河川敷を含む、開けた土地。

「そこからね、赤ちゃんの泣き声がするんですよ。オギャー、オギャーって」

鳥や猛禽《もうきん》の鳴き声が赤ん坊に聞こえることもある。狐は、この辺りにはいない。

ただ野生動物というのは人間ほど滅多矢鱈《めったやたら》には鳴かないものだ。

ましてその向こうは平地だ。動物は少ないだろう。

「……自転車で走っててもね、泣き声がついてくる気がして。何かイヤだなって」

なんかイヤだ――それくらいのほうが、却《かえ》って身近な誰かに相談し易いものだ。

彼女は、そのことを祖母に訊ねた。

＊

手塚さんも、その道が苦手だ。

「綺麗な道だけどね。走り易いけども。あんま通らねえよ。川の反対側にだって道路あっから」

どうしてもというときは、車の窓を閉めて走り抜ける。

秋の気持ちの良い風が入ってくる。虫も飛び込んではこない。

それでも、その道に掛かると彼は車の窓を閉める。

厭《いや》だからだ。

「子供の、赤ん坊の泣き声がすんだ。オギャー、オギャーて。たまにだけどね。それ聞いた日にゃ眠れねえもん」

手塚さんの家には、当時生まれたばかりの下の子がいた。

「間違わねえよ。子供の声ってのは。本能に組み込まれてんだろうね、ああいうのは。小さくてもハッて気付く。こう、目がカッて開くみてえに。音楽掛けててもさ」

泣き声はやはり、薄く広がる雑木林の向こうから、車の中へ飛び込んでくる。


林のベールの向こうは、開けた土地である。

畑がのっぺりと広がり、間を畦道《あぜみち》が縦横に駆ける。

その真ん中に、ぽつんと一軒の家がある。

周囲には、他に一軒の家もない。畑か、空き地である。

およそ日本離れした光景とも言える。
その家には長く誰も住んでいない。最後に住んだ一家は、全員そこで命を落とした。
顛末《てんまつ》については割愛する。

＊

再び女子高生・荒井さんの話に戻る。
荒井さんの祖母はその家について多くを語らなかったそうだ。
ただ、厭そうな顔をしてこう言った。
「そんな訳あんめ。前っからそんな話ばっかすっけどな」
聞き違いだ、気のせいだ、ではない。『そんな訳はない』と、頭から全否定なのだ。
聞けば、元々その周囲――主に雑木林の道路側には、家が数軒あったのだという。
皆出て行ってしまった。
『夜泣きがうるさいから』なのだという。
残って、未だに取り壊されていないのがあの一軒だった。

今は彼女も二人のお子さんを持つ。

彼女も自分の子を持つに至って、手塚さんと似た感慨を持った。

「――子供の声って、覿面《てきめん》に耳に付きますよね。無視できない。手が離せなくっても、逃げられるもんでもないし……」

＊

「こんなことカミさんには言えねかったけどよ？」

手塚さんは、一つ悩んでいることがある。

最後にそれを紹介してこの話を終えよう。

「自分の子の泣き声が、時々分かんなくなったんだよ。あの林の向こうから聞こえてくる赤ん坊の声とな。それとこれと、どっちがうちの子の泣き声なのかなって」

子供の泣き声は耳につく。無視できない。逃げられない。

自転車で走ろうと、車の窓を閉めようと。

だが雑木林の向こうには誰も住んでいない一軒家のみ。赤ん坊などいるはずもないし、
そもそも荒井さんと手塚さん二人を例に取っただけで、二人の体験には時間にして十年も

の開きがあるのだ。
だから荒井さんの祖母堂は、『そんな訳あんめ』と言ったのだろうか?
赤ん坊の泣き声などするはずがない——そう言える理由がある。
あの家に住んだ最後の家族には、赤ん坊はいなかった。
それだけではなく、その前も、その前もだ。
知られている限り、あの家に赤ん坊がいたことは一度としてなかったのである。

雨

麻木さんが高校生の頃の話である。

自転車通学の帰り道、彼女は天候を心配しながら（現在の）那珂川町の県道を急いでいた。空には分厚い雲。小雨が、頬や額に落ち始めていた。

那珂川町は栃木県東部、ここをかつては馬頭町《ばとうまち》といった。江戸時代には水戸藩であり、水戸黄門として知られる徳川光圀《みつくに》の伝承が多く残る。

町の中心部は小さく、端から端まで一時間も掛からずに歩けるほど。その小さな町を、並行して東西に走る二本の道路が南北に分けている。

南側は少ないが商店などもあり、観光向きの景観が整備されて多少の賑わいがある。

しかし、その北側、県道52号線側は殺風景だ。昔はスーパーなども並んでいたというが、今は何もない。体育館や少し大きめの病院、そして歌川広重《ひろしげ》の作品を数点引き継いだ広重美術館がある。

麻木さんが走っていたのはその寂しい52号線のほうだ。

黄昏時《たそがれどき》であった。まして雨模様である。広重美術館の前あたりで、ふと見ると前方の路肩に人影がある。

はっきりと視認した訳ではないが、その人影はどうやら麻木さんと同じ東側、つまり茨城県方面へ向かって歩いているように感じた。

ならばこれから追い抜く形になる。

直観では「同じ方向に向かっている」と確信があったものの、身体の向きがどちらを向いているか、徐々に距離が詰まるうちにも一向にはっきりしない。

更に近づいて彼女は緊張した。

それは半透明の、ビニールのような人影。

なのにそのビニールの下にあるはずの足や靴、腕、頭は一切見えないのだ。

合羽《かっぱ》だけが歩いているような何か。

しかしこれは、小さな町を分かつ、二本の通りの片方でのこと。通りの間には家屋が密集しており、そこから別の道へは逃げようがなかった。

彼女は息を潜め、無心でその脇を通り過ぎる――。

通り過ぎるとき、それはまるで麻木さんなど目に入らぬように一定のペースで歩き続けていた。尤も、目も足もないのだが。

無事に通り過ぎ、自転車を漕ぎながらも一呼吸ののち、ようやく恐怖に似た感情が湧き起こってきた。

一体今のは何だったのか、振り返って確かめることもできず、彼女はひたすら前を向く。

すると更に前方にまた人影が見えてきた。

また同じ人影である。

半透明の、合羽だけの人影が道を歩いている。最初の遭遇から時間にして何分もない。

必死に恐怖を堪えながら、再びその脇を通り抜ける。

だが少しすると、また視界の奥に半透明の人影が飛び込んできた。

息を止める。彼女は今にも泣きそうになりながら、必死にその人影に気付かないふりを続けた。

小さな町を通り抜けるまでそれが何度目に入ったか、彼女は数えなかった。

そこから家までの数キロは県境に向かってどんどん寂しい土地になってゆく。いつもの道程が、果てしなく長く感じたという。

ところで那珂川町の広重美術館には収蔵していないが、歌川広重作品には精緻な直線で雨風を表現した大きな特徴がある。そこに表された人々は、雨具で凌《しの》ぎながら街道を急ぐ。

麻木さんの見た人影も、きっとそうしたものだったのかもしれない。

烏帽子掛峠《えぼしがけとうげ》

国道293号という道は茨城県日立市《ひたちし》から栃木県を横断して西へ、足利にまで続く。

これはその東の極限、つまり茨城県側へ抜ける一歩手前での話だ。

この道も御多分に漏れず、古く狭い道を継《つ》ぎ接《は》ぎした部分が多い。バイパスを接続し直すなど改良を続け、二〇一四年に栃木県の最東端、那珂川町にある馬頭バイパスが完成したことで茨城県への全区間が通った。

その那珂川町と茨城県との境に、鷲子山上《とりのこさんしょう》神社がある。金運が上がるという金色の梟《ふくろう》がテレビで紹介されて以来、頻繁に渋滞が起きるほどの名所になった場所だ。

小野田さんも、一人そこを目指して車を走らせていた。彼女は一人旅が好きなのだ。

ナビもセットしたはずだ。しかし開通したばかりの馬頭バイパスの情報が入っていなかったのか、293号から県道に入るつもりが旧293号へ迷い込み、リルートした結果どうも僻地を北回りする形になったと思われる。

そうして彼女は、鷲子山の反対側、烏帽子掛峠というとんでもない悪路に迷い込んでしまった。

烏帽子掛峠は、対向一車線しかない切通《きりとおし》のような場所である。

まだ陽も高いはずなのに酷く薄暗い。左右すぐのところにまで山肌や木々が迫っていた。似たような悪路は幾らでもあるのに、ここの圧迫感は地元の人間さえ不安にする。

＊

この場所については、地元の男性の証言として別に伺った話もある。

その男性が若かりし頃のこと。隣県の海へ遊びに行った帰り、ここを通ったのだそうだ。ちょうど、切通の最も深い谷間に差し掛かって、彼はふと先日ここで首吊り死体が出たことを思い出した。

道から見えるところだったそうだ。

自殺が多いとは言わないが、山の中で死人が出ることはさほど珍しくはない。

しかしそれが比較的若い女性であったことを思い出すと、突然、彼は猛烈に厭な予感に囚われた。

横の木立の間から湧き出した無念が、狭い谷間を満たしてしまうようだ。

見たこともないはずのその女性が、今にもそこからヘッドライトの中に現れるような気がした。

急いで通り抜けたいが、焦ってスピードを出すのも危ない。

そう思ったとき、ダッシュボード横の吸気口から、ォォォォ、と小さな唸り声のような音が漏れ出した。

慌てて彼は手を伸ばし、吸気口を閉める。すると今度は、運転席の窓がうっすらと開き始めた。

パワーウインドウではない、手回しの窓である。その回転レバーが、勝手に回っている。

——乗ってくる。

彼は必死にレバーを押さえて逆に回し、窓を閉めた。

＊

「私も分かる。あんな不気味なのってないですよね」

前述の小野田さんも、ここで同じような気分を味わった。

彼女がようやくナビが間違っていると気付いたときには、もう現在位置も怪しくなっていた。しかしどうやら、彼女の記憶に照らせばそこは烏帽子掛峠だったはずだ。県境の看板を見る前だったというから、まだ栃木県であったことだろう。

　一旦停車しナビを操作していた彼女は、すぐ脇の森から女の高笑いのような声を聞いて手を止めた。

　鳥か何かだろうと彼女は思った。

　頭でそう思っても、気分は悪い。追い立てられるようにまたゆっくり車を走らせ始めた。

　そうして県境を抜けたのだそうだ。

「そのときに見ちゃったんですよ、あれ。あれってずっとあるんですか？」

　やや話が噛み合わない。『あれ』とは何だろうか。確かに狭く、薄暗い。石碑と小さな広場はあるが、言ってみれば普通の峠道であり、別に何か『不気味なもの』がある訳ではないのだが。

　彼女は一体、何を見たのだろうか？

「……すぐ横の林の中に紐が一杯あったでしょ」

　林業の人が目印にするビニール紐か何かだろうかと思って訊ねたが、そういうものではないらしいのだ。

　彼女は車でそこを通り抜けていた。

　狭い道だ。敢えて見ようとしなくても左右の木立が目に入ってくる。

そして――彼女は視界の端に捉えたそれに目を奪われ、続いて静かな森を見た。

暗い茶色の、細い杉の木立。その間に無数の紐が、まるで道切りの紙垂《かみしで》のようにぶら下がっていたのだという。

その紐の先は、どれも輪のようになって揺れていた。

くれぐれも、興味本位で通るのはお勧めしない。何せ道幅が狭いため、キョロキョロしながら通ると事故の恐れがある。

鷲子山上神社を参ったほうが遥かに有益だ。金運も上がるのだし。

小野田さんも寄り道が過ぎたようである。茨城県近くまで来てしまった。

ここからは293号を戻って、本来のルートである奥州街道へ戻ろう。

不機嫌なお雛《ひな》様

諸般の事情で地名の明言は避けるが、次に御紹介するのは、栃木県央・塩谷《しおや》地区に位置する、とある市町村で生じた話となる。

かつて、江戸日本橋を起点とした奥州街道の宿場町の一つであったその町は、多くの商家が軒を連ね賑わいを見せていた。

各戸の蔵で大切に保管されていた、商家に嫁ぐ際に女性達が嫁入り道具として持ち込んだ雛人形が、現在まで数多く残されており、同地区では地域の活性化を目的に、〈雛めぐり〉と称したそれらの雛人形の展示企画が、毎年初春に開催されている。

最盛期には八十か所以上もあったという赤い幟《のぼり》が目印に立てられた、商店、公共施設、個人宅を含めたお飾り処では、江戸、明治、大正、昭和、平成と、様々な時代の雛人形が飾られ、市街を巡る来場者の目を楽しませてくれる。

県南在住のノブ子さんが、この雛めぐりに参加した際、こんな体験をされたという。

お飾り処の一つに、明治期に建設された邸宅を利用した会場があった。

格式高い書院造りの主室を中心とした和室に並べられた、江戸・享保《きょうほう》年間に流行した享保雛、同じく江戸・明和年間の古今雛《こきん》、明治時代の鴻巣雛《こうのす》など、初めて見る長い歴史を持つ風格を備えたお雛様の数々に、ノブ子さんの心は弾んだ。

会場内は撮影が許可されており、雛人形にスマホを向けている人も多く、本格的な一眼レフのカメラを構えている人の姿も見られる。まずはレンズ越しにではなく肉眼で堪能しようと、ノブ子さんは撮影は後回しにして、雛人形をじっくりと見て回った。

一組の雛飾りの展示の前で、首から提げたカメラのモニター画像を眺めながら、

「おかしいなぁ、おかしいなぁ」

と、独り言を呟いている男性がいた。

退職を機に、趣味のカメラであちこち回っています、といった風情の高齢男性。ふと顔を上げた彼と、視線が合った。

「どう撮ってもね、ボケちゃうんですよ。この子達だけ」

ノブ子さんの「一体何がおかしいのだろう」という心の声が、顔に出ていたのかもしれない。何を訊ねた訳でもないのに、男性は彼女にそう言い添える。

「この子達」と呼ばれていたのは、説明書きによると〈御殿雛《ごてん》〉と称される大正時代のお雛様だった。

半畳ほどの広さに組み立てられた京都御所の紫宸殿《ししんでん》を模した御殿に、男雛と女雛の内裏《だいり》

雛を中心に華やかな貴族の生活を再現した雛飾り。北関東出身のノブ子さんにとって、関西地方で主流だったという御殿雛は、初めて見る雛飾りであった。

精巧な細工で設《しつら》えられた御殿と、煌《きら》びやかな衣装をまとった内裏雛。それを撮影しようとすると、何故かピンボケしてしまうのだと男性は言う。

「他の子達は、大丈夫なんだけどねぇ。ほら」

同意を求めるように、デジカメのモニターをノブ子さんに向けてくる男性。隣に飾られていた別の御殿雛は、確かに綺麗に撮影されているのに、目の前の御殿雛の写真は靄《もや》が掛かったようにぼやけていたり、ハレーションを起こしたように光が入り込んだりで、まともに撮れているものが一枚もない。

「御機嫌斜めなのかなぁ」

上手く撮れなかったにも拘らず、自身で結論づけた男性は、何だか嬉しそうにカメラを抱えたまま次の間へと移っていった。

ノブ子さんも再び、他のお雛様を見に回り始め、一通り鑑賞を終えた際、

「あ、何かこれは無理。撮っちゃいけない感じがする」

先ほどの御殿雛の前にいた若いカップルの男性のほうが、そう発言しているのが聞こえてきた。二人とも手にしたスマホで、お雛様の写真を撮っていた最中のようだった。

「え？　どうして。気のせいでしょ？」

明るく返す女性に、男性はむきになって答える。

「いや、分かんない？　明らかにこれだけ雰囲気違うじゃん」

ノブ子さんも、カップルの女性と同意見だった。特別な違いなど感じない。雰囲気が違うだなんて、気のせいであろうと。もしかして先刻の高齢男性のカメラの件といい、男性のみがこのお雛様に何か念のようなものを感じ取ってしまうのかも。そんな風に考えていると、

「撮っちゃおっと」

茶目っ気たっぷりの仕草で、女性は御殿雛にスマホを向けた。特有のシャッター音が周囲に響く。

事の成り行きが気になり、ノブ子さんは二人の会話に耳を澄ました。

「変だなぁ。ちゃんと撮ったはずなのに、データだとこんなになっちゃう。ほら見て」

「うわっ、黒っ。だから言ったろ。撮らないほうがいいって」

一体どんな風に撮れたのだろう。

「私にも、見せてもらえますか？」

好奇心のあまり喉まで出かかった言葉を飲み込み、二人がその場を去った後、ノブ子さ

んは自分自身で問題の御殿雛を撮影してみようと、スマホを取り出し構えた。

果たして、どんな風に撮れるだろうか。画面をタップしようとしたその瞬間――。

会場となっていた邸宅の入り口の、暖房効率を考慮してか閉じられていた木戸が、激しい音を立てた。

「驚いた。何かしら、今の」

「あらやだ、開かないわ」

入り口付近にいた奥様方が騒ぎ始める。どうやら木戸が叩かれたか何かがぶつかったかの衝撃で、かんぬきが落ち、外側から鍵が掛かってしまったようであった。

すぐに係員の方が庭から回り、鍵を開け事なきを得たが、

「変だねぇ。簡単に掛かる鍵じゃないんだけどねぇ。こんなことは、初めてだよ」

首を捻りながら、係員の男性が独りごちた。

それを聞いたノブ子さんは、すぐさまスマホをバッグにしまい込んだという。

「物理的行動に出るほど、写真に撮られたくなかったんだなぁと思って」

雅《みやび》で荘厳で、だが少々気難しいお雛様との出会いを、ノブ子さんは語ってくれた。

田園にて

「あそこのよっつじで、またごっちんこしたってさ」

「よっつじ？」

「よっつじよ、四つ辻。何てぇの、ほら四つ角のことさぁ」

「あぁ、あの○○の田圃の十字路？　え？　また衝突事故？　誰か亡くなったの？」

「いんや死にはしなかったけんど、爺さん同士の事故らしいから、このまま寝たきりになってボケちまうよきっと」

「いやだ可哀想。お義母さんも気を付けてよ」

「あたしゃもう運転やめたから。こうやって△△ちゃんが乗っけてくれっから、助かってんだ。△△ちゃんこそ、あそこ通るときはホント気ぃ付けてな」

「そういえばこの間、テレビでやっていたよ。ああいう見晴らしのいい場所で起きちゃう事故の原因。あれね、目の錯覚が理由らしいよ」

栃木県北部のとある農産物直売所。会計待ちの列に並んでいた際、聞こえてきた姑とその嫁と推察される女性二人の会話に、カズエさんは耳をそばだてた。

「自然豊かな土地で子育てがしたい」の願いを実行に移したカズエさん一家は都心からの移住組で、農家直送の新鮮野菜が安価で購入できるその直売所を大変重宝しており、週に二回は車を走らせて買い出しに来ていた。

どこの十字路のことを言っているのだろう。

カズエさんの自宅から直売所までは、田園地帯を抜ける道程だった。途中に十字路は、幾つも存在する。

事故が多い場所ならば、気を付けなくては。

通りすがりに聞こえた会話を慎重に捉えたのは、お嫁さんらしき女性が話していたテレビの特集を、カズエさん自身も見ていたからだった。

白昼、周囲に視界を遮る建築物などがない見通しの良い場所において、交差する道路を二台の車が同じ速度で走行した場合、視界と角度の関係から相手の車が停止しているように錯覚し、そのまま衝突事故を起こしてしまう。〈田園型事故〉や〈コリジョンコース現象〉とも呼ばれるこの事象を、田舎暮らしを始めたカズエさんは強く気に留めていたのだ。

「あぁ違う違う。あんな小難しい理屈並べ立ててしゃらくさい。理由はもっと単純さぁ。あそこで事故が減らないのは、道を広げすぎたせいさぁ」

番組で懇切丁寧に、物理学、認知心理学等に基づいて、事故が起き易い原因を解説していたにも拘らず、お姑さんと思われる高齢の女性は、それを真っ向から否定した。

「あそこは×××様が住んでいらっしゃった場所なのに、あんな大層な道を造って地面を埋めちまっただろ？　怒っていらっしゃるんだよ。×××様が」

肝腎の×××様の部分が聞き取れなかった。全く耳慣れない単語ではあった。気になる。いっそ訊ねてみようかと、カズエさんは二人のほうへ視線を送ったが——先ほどまで笑顔で明るく会話をしていたお嫁さんが、打って変わって真剣な顔つきで口を真一文字に結び、頷《うなず》きながら購入した野菜をエコバッグに詰めている。その手は何故か小刻みに震えていた。まるで、×××様の存在に怯えているかのように。

そんなお嫁さんの様子を見て、カズエさんは詳細を訊くのを止めてしまった。あくまで自分はこの土地では余所《よそ》者だ。余計な災厄は抱え込みたくないと。

直売所に買い物に出かける際、以前より慎重にハンドルを握るようになったというカズエさん。眼前に広がる長閑な農村風景のどこかに、名前も知らない何かが潜んで、こちらを狙う気配を感じて。

お話を伺い、直売所と、カズエさんの御自宅近隣の田畑を地図で確認したところ、周辺に気になる地名を見つけた。

十二御前《じゅうにごぜん》。

現地を訪ねると、箒川《ほうきがわ》を挟んだ田園地帯に浮かぶように、南北に伸びる細長い高台を目にすることができる。

戦国の世、栃木が下野国《しもつけのくに》と呼ばれていた時代に行われた〈薄葉ケ原《うすばがはら》の戦い〉で、落城した山田城の城主・山田辰業《ときなり》の正室・菊の前と十一人の侍女達が、この高台の崖に追い詰められ、下界を流れる箒川に身を投げ自害を果たした。かつては近隣の村人らが、十二人の女性の御霊を〈十二御前〉と称し供養していた史跡であったが、現在集落は住民減少のため消滅し〈十二御前〉の名称だけが残されている。

更にそこからほど近い場所に位置する鉄橋では、明治時代に十九人の死者を出す列車転落事故が起きている。台風の影響で増水した箒川の上を走っていた東北本線の列車が、折悪《おりあ》しく吹いた突風に煽《あお》られ、貨車一両と客車七両の計八両が急流へと落下した大事故であった。十二人の戦国の女性らが命を散らした同じ川が、多くの人命を飲み込んだのだ。

川沿いに広がる田園地帯。そこに存在するという×××様は、この二つの史実と果たして関係があるのか否か。残念ながら現在のところ、手掛かりは皆無である。

何より「×××様」と、カズエさんがその名前の音の一つも記憶していないことも、少々不可思議に感じている次第である。

雷様《らいさま》が降りた場所

　タイキさんは少年期を栃木県北東部に位置する大田原市《おおたわら》で過ごした。両親が離婚し、父方の祖父母の家に預けられたのだ。

　都会で生まれ育ったタイキさんにとって、緑豊かな農村部での暮らしは、毎日が新鮮だった。

「あれは何？」

　いつも通る自宅近くの田圃に、見慣れぬ物が立っていた。

　正方形状に地面に刺された四本の竹。更にその竹にはしめ縄が張られ、囲いが作られている。新築の家を建てる際に行われる地鎮祭に似ていたが、稲が青々と伸びた田圃に家が建つとは思えない。

「雷様が降りられた場所を、祀《まつ》っているんだわ」

　祖母によると、田圃に落雷があった場合そこを祀る風習が、この地域にはあるという。

　雷が多い年は豊作であるという昔からの言い伝えに則り、実際に雷が落ちた農作地にはわざわざしめ縄を張って、五穀豊穣を祈念するのだそうだ。

タイキさんが中学に上がった、ある夏の日のこと。

車に轢《ひ》かれたと思われる、猫の亡骸を道の上に見つけた。それはタイキさんが、近所の人気のない神社でこっそり餌付けをしていた茶トラのオス猫だった。「家で飼いたい」と祖父母にねだらなかったのは、両親から見捨てられた自分に、腫れ物に触るように接してくる彼らには素直に甘えることができなかったからだ。

猫には〈虎丸《トラマル》〉と名付けていた。

棲み処を持たない野良猫の自由さに、祖父母の家で居心地の悪さを感じていたタイキさんは、憧れのような感情を抱いていたのかもしれない。だが、自分が責任を持って飼わなかったことで命を落としてしまった虎丸が、哀れで申し訳なくて、タイキさんは己を強く責めた。

神にもすがる気持ちで、彼はとある行動に出た。

近所の休耕地に、以前祖母に教えてもらった、落雷の場所を祀る竹としめ縄を数日前から目にしていた。

硬くなった虎丸を自転車の籠に入れ、そこを目指した。

虎丸を抱え、雑草が目立つ休耕地に踏み入る。紙垂が下げられた縄の内側は、落雷の跡らしきものはよく分からず、黒土がこんもりと盛り上げられている。そこに虎丸の身体を横たえ、手近から抜いた雑草を被せ、周囲から見えないように計らった。

願ったのは虎丸の再生なのか成仏なのか、自分の真意も分からぬまままだ夢中で作業に徹した。

数日後、激しい雷雨が近隣を襲った。

同じ場所に再び落雷があるとは思えなかったが、心配になり、翌日虎丸を隠した休耕地に様子を見に行った。すると――。

虎丸の身体は消えていた。

変わらず竹としめ縄で結界が作られていたが、虎丸を隠した形跡は残されていなかった。その場を掘り起こしてもみたが、べたついた粘土質の土が爪を汚すだけだった。

畑の持ち主が持ち去ったのだろうか。どこかに埋葬してくれたのだろうか。ゴミと一緒に処分されていたとしたら。

自分の衝動的な行動で、再び虎丸を不憫《ふびん》な目に遭わせてしまったことを、タイキさんは心から悔やんだ。

その後、タイキさんが暮らす長閑な地域で、物騒な事件が頻発した。何軒もの家で、外飼いしていた愛犬が庭や玄関先から忽然《こつぜん》と姿を消し、残された血痕や争った跡からして、何らかの野生動物に襲われ、連れ去られたのではないかと騒がれていた。残存していた愛犬以外の毛を精査したところ、イタチの類の仕業ではないか、更に地面に吸い込まれたおびただしい血の量から、愛犬達は既に命はないだろうとも推察された。

誰にも告白することができなかったが、タイキさんは犬達を襲ったと思われる生物を目撃していた。

虎丸の亡骸が消えてしまってからの数日後、深夜就寝中に自宅の部屋の窓の外から聞こえてきた音にタイキさんは目を覚ました。猫の鳴く声。「にゃあ」というよりは「くわぁ」という特徴的な鳴き声。

虎丸だ。

喜びよりも恐れを感じながら、カーテンをめくって外を覗いた。暗闇の中、一匹の猫を見つけるのは難しいだろうと考えていたのに、自宅前の道路にどっしりと腰を落とす巨大生物の姿が視界に飛び込んだ。

自宅近辺に街灯はない。月明かりだけとは思えないほど明るく、その姿が確認できたのは、生物自体がうっすらと発光しているからだと分かった。例えるなら、古い屏風に描かれているような大柄なトラに似た全長五メートルはゆうにある謎の生物。だが毛並みの色具合や「くわぁ」と鳴く口の開き方は、どう見ても虎丸に酷似している。

更にタイキさんを震わせたのは、巨大生物の足元に、戦利品であるかのように黒い犬の血まみれの身体が転がされていたことだった。犬の姿には見覚えがあった。近所の立派なお屋敷の庭先で、道行く人にいつも吠え盛っていた犬だった。

巨大な生物はもう一度、「くわぁ」とその体格には似合わない穏やかな鳴き声を発すると、犬の身体を咥え、飛ぶように跳ねて姿を消した。その大きな体躯にも拘らず、足音一つ立てずに。

その後事態は収束した。被害を恐れた住民達が愛犬を家の中で飼うように徹したのが功を奏したのか、飼い犬を襲った謎の生物が何処かへ去ったのか。原因は分からぬままに。

「後から知ったんですけれど、栃木には〈雷獣《らいじゅう》〉という妖怪の伝説があるらしくって」

雷雲に乗って現れる、鋭い爪を持つネズミに似た、その正体はハクビシンではないかと考察されている妖怪。確かにタイキさんが言うように、雷獣に関する民話は北関東の各地に残されている。

「自分のせいで、虎丸は雷獣になってしまったんじゃないかって思うんですよ」

雷が落ちた縁起のいい場所として祀られていた箇所に、亡骸を放置したことで起きた怪異。

だが本当にそこでは、雷を祀っていたのだろうか。何かもっと妖しく危険な存在を、その地に封印していたのだとしたら——。

虎丸は、何に変わってしまったのだろうか。

十代の頃の浅はかな行為が、何匹もの動物達の命を奪う結果に繋がったことを猛省し、「自分にはその資格がない」と、還暦間近の現在に至るまで、タイキさんは一度もペットを飼ったことがないそうである。

ハイ・アンド・ビュー

清井さんは、付き合って三年になる恋人とともに那須へドライブに出かけた。

「久しぶりだよ。前は仲間と心霊スポット巡りで……有名な？　大橋とか行ったけど」

那須高原大橋は那珂川に架かるアーチ橋だ。上流に位置するのだが、谷全体に架かるため全長は約二百四十五メートルと長い。

高さは五十メートル近くあり、見晴らしも良いが、飛び降りる者も多いとされる。

「……そのとき？　そのときは何もなかったよ。昼間に来たらスゲー眺めがいいだろうなってくらい」

久しぶりに訪れた彼は恋人を連れ、勿論お化けを探しに行った訳ではない。そろそろ結婚を考えていたこともあり、そのタイミングを見計らっていたのだ。

東北自動車道は奥州街道とほぼ並走する形で那須を超え、福島県に入る。これを西那須野で降り、塩原《しおばら》ルートで北へ。直進すれば後述の『流々家《ルルイエ》』の話の日塩道路を経て日光に至るが、本書の構成上、奥州街道沿いの旅はここで終わりである。

清井さんもここを右折し、那須へ向かった。

那須ＩＣまで行かなかったのは、単に以前来たときのルートを通ってしまっただけのこと。

必然と、件の大橋を通ることになる。

そこに差し掛かると、助手席の彼女が急に静かになったのだそうだ。

「『どうしたの?』って訊いたけど、『何でもない』って。『あなたこそどうしたの』って聞き返されて、『俺も別にどうもしないけど……』って答えたけど」

橋を渡り切るまで、微妙な沈黙があったそうだ。車で渡ると実際の橋長よりも更に長く、一キロ近くあるように感じる。

ともあれ、通っただけのこと。

彼らは、那須に沢山ある牧場の一つを訪れた。

一体牧場で何をするのか――経済動物を眺めるのか、それともアルパカか？　と思われるかもしれない。

しかし那須に幾つもある家族向けの牧場はいわばレジャー施設。勿論動物もいるが、乗馬体験やアトラクションを備えて食事もできる。広さもあって、天候さえ許せば半日かそこらは余裕で遊べてしまう。

清井さんはむしろ、そうして楽しそうに遊ぶファミリーを見ていた。それとなくファミリーを見せていた。それこそが、今回の目的であった訳だ。

初めのうちは『牧場？』と、口には出さないまでも何か言いたげだった彼女も、ソフトクリームを食べ、馬の背の高さやウサギの軽さに感動するうち疑問は消えたようだった。子供のようにはしゃぐ彼女は、果たしてどんな表情で家族連れを見ているだろう。こっそりとその表情を盗み見た清井さんは、彼女の表情が時折妙に歪むのに気付いた。遠くを見ながら顔を顰《しか》め、よそよそしく視線を泳がせたり。

――魂胆がバレたのだろうか。

日暮れ頃、急に霧が出てきた。すっかり陽が落ち、彼らは牧場を後にする。

食事をしながら、ふと清井さんは少し離れた場所に、若いカップルに人気の夜景スポットがある場所があることを思い出した。

付き合って三年、牧場でファミリーを眺めて、今更夜景――とは彼も思ったが、このまま帰るのも惜しい気がしたのだ。牧場で彼女が見せた微妙な表情も気掛かりで、彼は今一歩手応えを感じてはいなかった。

スポットは殺生石《せっしょうせき》の近く。遠回りにはなっても、それほど遠くもない。

そこへ向かう道すがら、彼女がふと妙なことを言い出した。

「牧場にさ、一人で来てた人いたよね。女の人」

……清井さんの記憶には全くなかった。

「あの、大きな橋にもいた人だよ。橋には車もなかったし、歩いてきたのかなぁ？」

それも全く気付かなかった。まっすぐな橋なのだから、歩いている人がいたら分かったはずだ。

那須高原大橋からあの牧場まで歩くのは、不可能ではないにしろ考えにくいだろう。

清井さんは「いたかもしれないけど覚えてない」と言うと、彼女は「ええーっ」と怪訝そうだ。

「ウッソだぁ、見たら絶対忘れないよ！　様子がおかしかったし。頭とか振って、髪バッサバッサなって」

聞けば聞くほどにおかしい。

清井さんが見落としていた……いや、そんな人物がいたら周囲の家族がさぞや微妙な表情をしていただろう。

そうこう話しているうちにも、殺生石近くまで来た。殺生石は言わずと知れた重要文化財で、大妖怪・九尾の狐を封印した伝説がある。それがこの少し前、春先に割れてしまっていた。

目指す夜景スポットはここから更に山を登った、道路沿いにある。

(若いカップルが沢山いたら嫌だなぁ)

家族を見た後にカップルでは逆効果になりはしないか、そこへ来て清井さんは急に厭な予感がし始めた。既に手遅れである。

しかし着いてみると、意外にも他に車は一台もない。もうすっかり日が暮れ、暗かったからだろうか。それともまだ夜が浅いのだろうか。

それでも、一度生まれた厭な予感は消えはしなかった。

その場所は、道路沿いにありがちな休憩所になっている。側道が膨らんで数台規模の小さな駐車場がある。そのすぐ奥が展望台だ。清井さんの調べたところではライトアップもされているはずだったが、このときはされていなかった。

晴れていれば関東平野の夜景を一望できたはず。

「……何にも見えないね」

「明るければなぁ、この下に雲海がバァーって広がってるんだと思うよ」

仕方がないね、また今度、と二人は踵《きびす》を返した。

すると、駐車場の一番近くに入れた自分の車の後部が、黄色くチッカチッカと点滅している。

ハザードだ。

「あれぇ？」と彼は首を傾げる。と言うのも、当然ハザードは勝手に点くものではない。車内でボタンを押さなければ点灯しないのだ。

車に近寄りながらポケットからキーを取り出し、リモコンで開錠する。

彼女が助手席に入り、清井さんもハザードを消すべく運転席に乗り込もうとした。

そのとき。

車のすぐ脇の、カーブミラーに目が行った。

カッチカッチと鳴るリレー音に合わせて、ハザードランプが辺りを黄色く照らし上げる。

ミラーの中――その光に、女が浮かび上がるのだ。

頭を左右に振り回し、長い髪の毛は逆様になって、両手を挙げてブラブラブラ……とそれが、明滅のほんの僅かな間に、見えるのだ。

清井さんは息を呑み、硬直した。振り返ることもできない。

おかしな女がいるのだけではない。それだけではないのだ。

女が映っているのは、湾曲したカーブミラー。

下のほうには、清井さんと愛車が映っている。

その女はかなり上のほう――湾曲の上のほうに映っていた。背後の道路や森よりも、更に上のほうだ。

女は宙に浮いている。

後方、清井さんより、車よりもかなり高い位置に。

「そう。彼女に訊いたら、どうも同じ女だったみたい。あの橋からついてきたんじゃないかって言ってたけど」

二〇二二年の夏の終わりのことだったという。

例《れい》幣《へい》使《し》街道

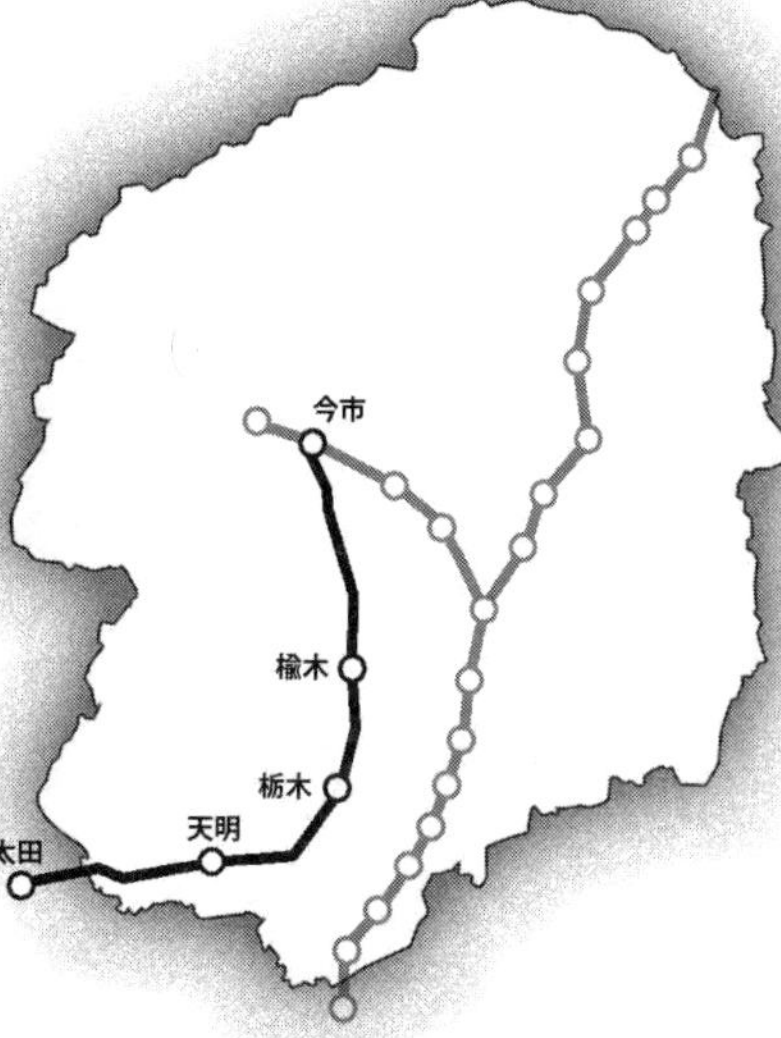

国道4号が日光への江戸からの道であったのならば、例幣使街道は京都からの道である。

例幣使街道は幾つもの道を繋ぐ古い街道で、かつて日光例幣使という勅使が通った道の総称である。例幣使は一六四六年より、京都から中山道を日光東照宮にやってきた。

この街道は群馬県で中山道から分岐し栃木県に入ると、足利市、佐野市、栃木市——と続き、鹿沼市で（小山市で国道4号から分岐した）壬生通りと合流する。一般的には、そのまま旧・今市市まで北上して日光街道と合流するまでを例幣使街道と呼ぶ。

足利は足利氏、佐野は佐野ラーメンでよく知られる。壬生は壬生通りの宿場町として栄え例幣使街道と関連が深いため、この章に編んだ。

水運が栄え、古い蔵の残る栃木市は栃木のかつての中心だ。保存されている旧栃木役場の横には『栃木県発祥の地』と示したモニュメントがある。小山市、壬生町とも隣接するこの市は、岩舟山・大平山といった霊場を擁し、本書においても県南の中心的な存在である。

アニメの思い出

紗奈さんは子供の頃から漫画やアニメが大好きだった。

数十年前、彼女がまだ中学一年生のときの話だ。

時代が許せば違ったろうが、彼女にとって同じ趣味を共有する友人は一人だけ。

名前を裕子さんという。

あるとき、その裕子さんから足利市内にアニメや漫画関連の商品を扱う店があることを教えてもらった。

栃木市で暮らす中学生にとって東京は遠い。だが足利市は佐野市の向こう、つまり二つばかり隣だ。行かない理由がなかった。

二人は日曜に一緒にその店に行く約束をした。

当日、紗奈さんの最寄り駅になる栃木駅で待ち合わせた。両毛線に乗って、足利駅まで数駅。

足利は栃木の最南西にあり、群馬県と県境を有している。佐野市、栃木市、小山市と連なる県南の中心都市である。

紗奈さんにとって足利は初めてだった。

駅を出て大通りから入った細い路地を進む。辿り着いたのは駅からほど近く、こぢんまりとしたアニメショップだった。

目当ては、先頃アニメ化が決まった漫画のグッズだ。下敷きや文房具など。品揃えが凄く充実している訳ではなかったが心が躍った。

その日は買い物を済ませるとすぐに帰った。


再び裕子さんとその店を訪れたときのこと。

せっかく足利まで来たのだから、少し遊んで帰ることにした。

街のことは調べていない。適当に歩いて、大きな川を渡った。

当時は気にしなかったが、今思えばあれが渡良瀬川《わたらせがわ》だったろうと思う。

お昼をどうするか相談して、二人はファストフードで遅い昼食を摂った。

その近くでもまたアニメグッズを扱う店を見つけ、紗奈さんは散々迷ってお気に入りのアニメのタペストリーを買った。

帰りは川沿いの遊歩道を、裕子さんが半歩先を歩く。

薄暮の時刻だ。何だかアニメのエンディングみたいと彼女らは笑い合った。

ふと紗奈さんが川を見ると、そこに人影があった。普通は行かないような中洲にである。ごく水際でこちらに背を向けて、作業着姿の男性が立っている。作業着は薄いグレーかカーキ色のどちらか、くたびれて見えた。白髪交じりの後頭部も、全体的にぼやけているような。

——影が薄いなぁ。

何してるんだろう？ と彼女は思わず足を止めた。川に背を向けて釣りでもないだろう。何かの道具らしきものもない。石像のように風景に溶け込み、佇んでいる。

一瞬、本当に石像なのではないかと思ったとき、男がゆっくりとこちらを振り返ろうとした。

「——どうしたの？ 電車に乗り遅れるよ」と裕子さんに言われ、我に返る。

彼女は気にせず、また歩きだした。

駅に着き、ホームのベンチで電車を待った。

彼女達から少し離れた場所に、女性が一人立っている。年齢は三十代くらい。地味な服装をしている。他に電車を待っている人はいなかった。

やってきた電車はガラガラ。座ってから一息ついて、ホームにいた女性がいないことに気付いた。

近くのドアから同じ車両に乗ったような気がしたのだが。

（……何かタンスの臭《にお》いがする）

車内に樟脳《しょうのう》の臭いが漂っていた。


栃木駅で電車を降りる。裕子さんは乗り換えのために向かいのホームへ。

紗奈さんは彼女に手を振って別れを告げ、改札口へ向かおうとして——ふと二度見した。

足利駅で見かけた女性が、裕子さんの後ろを歩いている。女性の歩き方は遅い。背中を丸めて随分と疲れているように見えた。

女性の隣にくたびれた作業着姿の男性も歩いている。河原にいた人に雰囲気がよく似ていた。

作業着姿だと皆同じように見えるということもあるだろうが——紗奈さんの鼻に樟脳の臭いが残った。


学年が変わり、二人はまた同じクラスになった。

当時、栃木放送のラジオでアニメファン向けの番組があった。紗奈さんは毎週欠かさず聴いていた。

ラジオではハガキによる曲のリクエストや、アニメに関する話題を募集し読み上げる。熱心なリスナーであった彼女は毎週のようにハガキを書いては送っていた。自分のハガキが読まれたこともあるし、プレゼントで声優のサイン入りCDを当てたこともあった。

ところでその番組で、公開収録の企画が告げられた。これから数回、見学としてリスナーを収録現場に入れてくれるのだ。

収録は夜になる。栃木放送最寄りの東武宇都宮駅まで電車で行く必要がある。裕子さんを誘うと、二つ返事で乗ってきた。『見学希望』とハガキに二人の名を書いて番組に送った。

収録当日。

局へ向かう道の交差点で、二人は信号待ちをしていた。

早く変われと祈るうちに信号が青に変わり、大勢の人とともにワッと歩きだす。

その横断歩道の途中、見知らぬ女性が目の前を塞ぐように立っていた。紗奈さんが横に避けると、女性も同じほうへ動き道を塞いでくる。

(何、この人――タンスの臭いがする)

足利で嗅いだものと同じ樟脳の臭いだ。

そのとき、背後から紗奈さんの肩に軽くぶつかって追い越す者があった。

「す、すみません」と頭を下げると、その人はくたびれた作業着を着ていた。彼女の目の高さにぼやけた色の作業着の肩があって、首元がゆっくりこちらを振り向く。

河原の男だ。

いや、駅の階段で見た男でもある。謎の男女二人と、紗奈さんを中心に、風景がぐるぐると回り始めたような気がした。

「――どうしたの？」

先に横断歩道を渡り終えた裕子さんが彼女を呼んだ。

我に返って辺りを見ると、作業着の男も女性の姿もなく、あの臭いも消えていた。

「何でもない。ごめんねぇ」

紗奈さんは慌てて横断歩道を渡り始めたが、人に酔ったのか――急に気分が悪くなってしまった。


『今日来るって書いてあるんですけど、来ませんねぇ』

ラジオからは、紗奈さんが参加するはずだった回の放送が流れていた。ラジオパーソナリティーの男性が、番組の中で紗奈さんのハガキを読みながらそう話している。

局の近くまで行っていたのにと思うと悔しい。

彼女が部屋でラジオを聴くときは、いつも小さなラジカセを使っている。

この日に限って電波が悪いのか、何度も途中で途切れた。雑音が混じる。番組とは別の人の話し声が聴こえた。時折、動物の鳴き声のようなものも混ざった。

何度も周波数を合わせてみたが、上手くいかなかった。


次の週も見学希望を出していた。

今度はトラブルもなく、二人は局に辿り着いた。

建物の中に入ると紗奈さん達の他に、年上のリスナー達が集まっていた。ラジオネームで呼び合う。皆、番組で読まれるハガキの常連さん達ですぐに打ち解けることができた。

現場では絶対に音を出してはいけない。それくらい近い場所で見学できた。自分がいつも聞いているラジオを、目の前で見られることが嬉しかった。

収録が終わった。他の人達は寄り道してから帰るとのことだ。

二人は何度も頭を下げてから、駅に向かった。

その途中、大きな交差点で信号待ちになった。

繁華街がすぐそこだ。飲み会帰りのサラリーマンだろうか、周囲では大勢の人が信号待ちをしている。

アルコール臭に交じって、ふと紗奈さんはどこかで嗅いだことのある臭いに気付いた。

(樟脳の臭いだ――)

周囲の人が、ウワッと一斉に歩きだす感じがした。

臭いだ。樟脳の臭いとともに、空気が歩きだす。

信号が変わったと思い、一歩足を前に出すと――彼女のすぐ鼻先を、車が勢いよく掠めていった。

信号はまだ青に変わっていなかった。


それからすぐに、紗奈さんはラジオを聴くのを止めた。

幾つもの妙な出来事とは無関係の理由からだ。授業中にラジオのハガキを書いているところを先生に咎《とが》められ、読み上げられてしまったから。

読まれて恥ずかしい内容ではなかった。捨てられてもまた書き直せばいい。気にしなかったつもりだが、何となくその日を境にハガキを送るのはやめようと思った。

すると番組に対する熱が一気に冷めてしまった。

それから一年と少し経った。

その間も裕子さんのほうはアニメショップ通いを続けていたのか、一人で足利に通っていたようだ。そのまま本人の強い希望で足利の女子高へ進学した。
進路は違えど、裕子さんとはまた会って話せる——と紗奈さんは思っていた。
しかし彼女らはそれきり会うことはなかった。
記録によれば、そのアニメのラジオ番組は彼女らが高校生になってすぐ終了していた。

廃墟のカラオケ

先日、初めて栃木市にゆっくり滞在したのだが、とても良いところだった。

古い蔵があちこちに残る蔵の町として売り出しているのだが、それよりも町の中心部を流れる巴波川《うずまがわ》と、そこから縦横に流れる水路が素敵だ。びっくりするような巨大な錦鯉や、カルガモの親子も水に遊ぶ。シェアサイクルが充実しており、自転車での散策が楽しい。

この巴波川は渦巻きから命名されるように、度々氾濫してきた。最近では二〇一九年の台風だ。うずま公園ではすぐ近くに水門を見ることができる。

さて、栃木県民はカラオケが好きである。古い家にはどこでも8トラックのカラオケマシンがあると言われるほどだ。巨大なカートリッジの中でテープが8の字になっており、延々とカラオケを流し続けることができる機械である。

ところが栃木市には駅前にカラオケ屋が見当たらない。駅から離れて数軒ある程度だ。

辺見さんが仕事をしていたのは、更に市郊外のカラオケ屋だった。大きな駐車場を備えた立派なカラオケボックスだったのだが——そこは当時、既に潰れていた。

廃業し、廃墟となり、取り壊しを待つだけの元カラオケ屋。

彼は解体業者として、そこを壊すために訪れていた。


「大分放置されてたみたいだね。かなり傷んでたから」

二階建てのアパート風のアミューズメントだったそうだ。

営業時はリゾート風の中庭を備え、各部屋はそれを取り囲む外廊下で繋がっていた。今はもう見る影もないが。

「……ちょっと感慨深いもんがあったね。何せ高校の頃、何回か来た店だったし」

辺見さんが青春時代を過ごした場所でもあった訳だ。

そこを自分の手で壊すことになったのはなかなか珍しい体験のように思う。

「あすこさ、変な噂はあったんだよ。昔から」


白いブラウスの女が、ある部屋の前でドアのほうを向いて立っているというのだ。

ドアのすぐ目の前だ。まるで中を覗こうとしているような距離感。

また別の話では、女はカウンターの中にいる。

個室の中にいて、カラオケの画面に映るというものもあった。

噂は色々あったが、どれも（当時の）少年少女の話である。

辺見さんは半信半疑――どちらかというと否定的であった。

「〝カラオケの画面〟って。カラオケのビデオにはブラウスの女なんつのは幾らでも映るべ」

辺見さんはそう笑ったのだそうだが。

実際彼の記憶でも、その店のカラオケの映像が少し変だったことが思い当たる。

カラオケの映像と言えば、ジャンルごとに歌の邪魔をしない程度の無意味な映像が流れることが多い。なのに時折、ドラマの再現シーンみたいなものや家庭用ビデオっぽい映像、ニュースのような画面が途切れ途切れに流れる。

「同じ曲入れてももう流れねえの。つっても色んな機械があっぺ、『ぶっ壊れてんべ』ってことであんま気にしねーでいたけども」

彼曰く『電波か何かが悪さして』――妙な噂より、そうした設備の不良が廃業の原因だったと彼は考えた。

＊

取り壊しが決まっても、すぐに壊せる訳ではなかったようだ。工事用のプレハブが建って、車両が入れるようにしてあっても工事は始まらなかった。

辺見さんの仕事は、主に警備に近いようなものが殆どだった。

現場は荒れていたので作業の妨げになるようなゴミや残骸を撤去し、これ以上荒れないようにする目的が大きい。後は単純な見回り。他の現場もあるし、ずっとそのカラオケ廃墟に詰めていた訳でもなかった。

すると困ったことも起こる。

「ちょっとサボッと、すぐよ。すぐ誰か入った跡があって……」

酷いときなどは設置したカメラが壊されてしまうことさえあった。

色々と配置が換わっていたり、停めておいた作業車のミラーが割られていたりはするのだが、ゴミは持ち帰ったのか散らかってはいない。落書きも増えていない。

「随分礼儀正しい悪ガキだべって、笑ってたんだけども」

バリケードや有刺鉄線も突破された訳ではない。この段に至って、少し彼は疑問に思うようになった。

一体、〝悪ガキども〟はどこから侵入したのだろう？　と。

しかし辺見さんは、想定する悪ガキどもと歳が近いせいもあり、あまり気にしなかった。

他方、五十過ぎの主任はかなり怒った。

「主任は相当ブリブリ来てて。録画も、電設が間違ってたのか撮れてなかったとか言って」

この日の午後、彼は主任と二人で現場を訪れていた。

中庭に設置されたプレハブに録画機材がある。まず主任が中でモニターの映像をチェックしていた。

その上で、『何も撮れていなかった』という訳だ。

辺見さんが中を覗くと、プレハブ内には窓もあるのに薄暗かった。まず中庭自体に陽が入らない。

「……何も映ってなかったんすか？」

と辺見さんは確認した。すると主任は厭そうな表情でちらりとこっちを見て「全部は見てねえけどよ」。

辺見さんは「マジっすか？」と応じた――他意はないつもりでも、客観的には辺見さんが主任を疑った形になる。

主任は「なら手前《テメエ》で見ろ！」と言い置き、乱暴にドアを閉めてプレハブから出て行ってしまった。

セキュリティの問題であるので詳細は伏せるが、その現場の防犯カメラは古いものだった。本来、頻繁にメディアを交換しないといけないものだ。しかし人感センサーとの併用で、人が通ったときだけ撮影することで録画時間を延ばせる工夫がしてある。そのセンサーの取り付けが悪くて何かに誤反応したものか、何もないタイミングの録画が延々と続き、挙げ句途中で止まってしまったようだった。

映像上、確かに不審人物の姿はない。

てっきり悪そうな地元のガキが集団で映っているものと思っていたのだから肩透かしだ。ただ、それでも時折カメラの前を一瞬横切るかのような白い人影（のようなもの）に辺見さんは気付く。巻き戻して確かめると、数コマだけ妙な白っぽい人影が映っている。たった数コマだけだ。その映像は飛び飛びであるけれども、前後の間を考えるとこの人影はものすごいスピードで現れて消えたことになる。

小さなブラウン管の映像に目を凝らしても、どうも人っぽい、としか分からず、モノクロで色も分からない。

一瞬、高校時代に聞いた白いブラウスの女の話を思い出した彼だったが――モニターに映る人影は、白いけれど女であるとは思えなかった。

そのとき、ふと背後が気になった。

誰かが立って、こちらを見ているような強烈な気配が、簡素なプレハブの薄い壁を通して感じられたのだ。

咄嗟《とっさ》に振り向く。

するとそこで、主任が閉め損ねたアルミのドアが、実に半端に、拳一つ分開いているのに気付いた。

その向こうに、誰かが立っている。

隙間からこっちを覗き込んでいるのだ。

ここには主任と二人だけ。当然辺見さんは主任がふざけているのだと思い、視線をモニターに戻す。途中、目がプレハブの窓に止まった。

そこにはカラオケの建物の周りを確認している主任の姿があった。つまり今この瞬間ドアの隙間から覗いているのは、主任ではない別の誰かということになる。

思わず再度ドアを振り返った。

まだ覗いている。その眼球の鈍い光は、僅かな光の反射。

――右眼だ。

ドアの隙間に見える頭部の輪郭から、それが右か左かも分かるのだ。

なのに全体は、男か女かも分からない。ただうすぼんやりと暗い人影から、刺すような視線が投げかけられているだけ。

ウワッ、と彼は小さく叫んだ。少し遅れて、ようやく恐怖が迫ってきたのである。

「しゅ、主任！　五十嵐さん！」

窓の外で、主任が声に気付いたようだった。

主任はこっちを見て——またさっきの厭そうな表情になり、踵を返して向こうへ行ってしまう。

「五十嵐さんってば！　おい！　来いよ!!」

主任はいそいそと建物の死角に回り込んで、恐らく社用車の停めてあるほうへ。

「逃げんなって!!　おいっ!!　待てよ!!」

思い切り叫んで、ドアのほうを見ると——さっきまで薄く開いていたはずのドアが、ぴたりと閉まっていた。

＊

取り壊しが決まったはずなのに、取り壊しはなかなか始まらなかった。

職人がいないとか、業者の都合が付かなくなったとかそんな理由からだ。

別に壊したところですぐ何かの建物を建てる訳でもないらしく、作業開始は延々と遅れ続けた。

「……俺？　俺も外してもらったよ。『でなきゃ辞める。二度と行きたくねえ』っつって」

辺見さんがそこまで言ったのには、勿論あのプレハブで起きたことと、上司がさっさと逃げたことで十分であろう。

しかしそれ以外にも色々と起きたのだという。

停めていた業務用の車が壊れた、チョークが全部砕かれていた、プレハブのドアが何故か内側から引っ張られて開かなくなった……くらいは〝色々〟のうちにも入らない。

どこかの個室で電話が鳴っているが、どこからか分からない。

日によって、開いたり開かなかったりするドアがある。

一階の奥から二つ目の部屋の前に、ドアに向かって立つ謎の足跡が残っていた。

本物の不法侵入者も数度あった。

録画映像には、次から次へと妙なものが映った。

映るはずのない無関係な再現映像らしきものや、ニュースのような映像が撮れていたときは、『電波だ。電波が何か悪さしてるんだ』と唱えながら録画映像を始末したそうだ。

そのとき、頭の片隅が映像の何かに反応した。

録画されていた再現ドラマやニュース映像は、どれも昔ここで見た映像と同じであるように思えたのだ。

なのに昔言われていた〝白いブラウスの女〟だけは、一度としてお目にかかれなかったという。

「――全くよう、噂なんてもんは、アテにならねえもんだよねぇ」

沼

栃木県南部に霊山として高名な岩舟山《いわふね》がある。

岩舟山は舟のような形の山だ。何を言っているか分からないと思うが、本当に舟の形をしているのだから仕方がない。

少し北には、七不思議で知られる大中寺のある太平山《おおひらさん》がある。お寺の七不思議というものの多くは仏の有り難さを示すものだが、大中寺の七不思議には救いがない。仏罰でもなければ功徳でもない。ただただ無為に人が死ぬ。仏門にあろうとなかろうと、死ぬ。馬も死ぬ。仏教的救済を示すものもあるが、それが『雨月物語』の青頭巾であるから、かなりレベルが高い。

さて、その近くにある沼がある。

恐ろしい沼だ。

しかしこの沼は、地元の子供達には人気がある。

北条さんは子供の頃、この沼で悪友達と釣りをしていた。

彼女達がそこを訪れたのは、単に近かったからだ。

「通り道だったんで。他に遊ぶところもないし……」

二〇二三年現在にも、沼はそっくり昔のまま存在する。北条さんから聞いた通りだ。

道路のすぐ傍であるが、道を含めてそこはもう山中と言ってもいいような場所だった。

抹茶のような濃い緑色の澱んだ水。

釣り禁止の看板が目立つ。北条さんのお話では、ここではブラックバスが釣れるのではないかとのことだった。

尤も彼女が釣りをした訳ではない。悪友ら、男の子だけだった。

それも別にその日が初めてでもなかった。何故急にその日それが起きたのか——彼女にも分からない。

ただ彼女らにとっては、この沼で遊ぶのはそれが最後になった。

＊

北条さんは、男子二人が釣りをするのを見ていた。

仮にリュウとケンとする。

普段との違いと言えば、この前日、北条さんは突然祖母に怒られたのだそうだ。

あの沼で遊んではいけないということだった。

釣りが好きなリュウは、ここでバスが釣れると話す。しかし北条さんは彼らがバスを釣るのを見たことがない。何となく、この遊びはバスを釣るまで続くのだろうと彼女は思った。

ようやく釣り針に掛かったのは小さな鮒《ふな》のような魚で、それも引っ掛けただけで、暴れるうちにバラしてしまった。

それでもこの緑色の水のどこかに魚がいるのだと分かり、北条さんも少し応援する気持ちが湧いてくる。

水際ギリギリにまで身を乗り出し、リュウの投げた仕掛けの先を凝視していたときだ。

「あ――」とリュウが声を上げ、「ケンどこいった。いねえ」

ふと見ると、傍らで釣りをしていたはずのケンの姿がない。

「沼に落ちたんだ！」

北条さんは咄嗟にそう叫んだ。

リュウは顔面を蒼白にしながらも、首を横に振る。

「んな訳あるか。水音も何もなかったぞ」

確かにそれはそうだ。

ずっと水面を見ていたのだから、よしんば音には気付かなかったとしても、小波なり波紋なり気付くはず。

足先から余程静かに入水でもしない限りは……。

「黙って帰ったんだべ」

そうは言うが、ケンのいたところには簡素な釣り道具が一式残ったままだ。

＊

眼下に見下ろす現場は、道路と森に囲まれたそこそこ大きな貯水池である。

ただ道路が水面より高く、のり面の際まで水が迫っている。水門を操作するコンクリートのプラットフォームはあるが、一見して釣りをする場所はないように思えた。

しかし近づいてみると、奥の森から伸びる枝ぶりに紛れて小さな島があることに気付く。

しかも道路の一本から、その島に渡るためのかなり心細い石の橋があった。幅はおよそ四十センチばかり。手摺り、柵なし。長さこそ二、三メートルといったところではあるが、橋を渡ったすぐ先が脇から伸びる木の枝ぶりに阻まれている。

水深は全く分からない。

こんなところを子供達だけで渡って遊んでいたなど、考えたくもないことだ。

そもそもこの橋のようなものも大丈夫なのか――ひとまず水濡れするとまずい機材を道路に置き、靴紐を締め直して覚悟を決め、渡ってみることにした。

島へ渡ることは禁止されてこそいないが、危険である。子供がやっているのを見たらやめさせるし、自分もやるべきでないだろう。

現在のところ橋は案外しっかりしていて、枝を避けるのにふらついたりしなければ問題なく島に渡ることはできた。あくまで本書執筆時点（二〇二三年十月）での話である。これを読んだ人にも同じ幸運があるかは分からない。渡るべきではない。

しかし島から見る景色はなるほど、ここからなら水面もずっと近く、子供でも釣りができそうだ。

現在、そして恐らく過去においても釣りは禁止であるのだが――実際、足元を見ると干からびたテグスなどが落ちており、北条さんの体験を強く裏付けていた。

しかしその島に渡ってまず目を惹くのは、小さな木造のお堂だ。

中は空である。

＊

北条さんは、ケンが消えてしまったと思った。

リュウも平常心を装うように釣り糸を垂らしているが、「黙って帰ったんだべよ」との言葉尻は半音上がりながら白々しく震えていたし、顔面も蒼白。もはや釣り竿の先など見てもいない。

ケンが沼に落ちた。

おおごとだ、すぐ大人を呼ばないと――彼女は頭ではそう考えている。しかし、認められない。

音もなく波一つ立てることなく落水するなんて。

信じられない気持ちでもう一度見渡すと、そこにケンの姿があるではないか。

「ケンちゃん！」

ケンは何事もなかったかのような顔で、やや遠巻きにこちらを見ている。

彼は、水の上にいた。

深い緑色を湛《たた》えた沼の上に立ち、その足元からは白っぽい布のようなものが幾筋も広がっている。

ケンまで距離は数メートルほど。お互いが身を乗り出して手を伸ばせば届きそうな距離であるが、届かないかもしれない実に微妙な距離であった。

どうして水の上にいるのか。北条さんはそんな当然の疑問よりも、ケンがまだ無事なことにすっかり気を取られてしまった。

北条さんは――手を伸ばした。

名前を呼びながら。

すると、いきなり背後から彼女の肩を掴む手があった。

振り向くとそこには、ケンが立っていた。

今しがた姿が消え、水の上に現れたその本人がだ。

「何やってんだ、あぶねえぞ」とケンは言った。

北条さんはあわや沼に落ちる一歩手前。

再び水面を見ると、そこに立っていたはずのケンの姿はもうなかった。

ケンは、急に気分が悪くなって空のお堂の中で座っていたのだそうだ。北条さんは勿論そこも確認したのに、いなかったではないか。

どうして何も言わずに隠れたのかと北条さんとリュウは重ねて問い詰めたが、ケンの返事は胡乱《うろん》なものだった。

どうやら彼自身、自分が何をしていたのか曖昧なのだそうだ。

しかし人間が水の上に立てないのは当然のこと。水上で彼の足元から、或いは足元へ伸びていた白っぽい布のような長いものはまだ残っていて、数日はそのまま見えていたそうだ。

*

その沼は、一目しただけで予想を超えていた。

実際に訪れてみると、聞いていたよりも更に怖いところだ。

調整池ということだったが、空のお堂の存在からしてただの人工の溜め池でないのは明らかだ。恐らく自然の沼を調整池に転用し、祀られていたものも移されたと思われる。

島やお堂の目的はそれとなく察したとしても、空になった経緯は全くの謎だ。

ここの詳細について、調査の糸口になりそうな場所は近隣に見当たらない。一旦ここを離れ町中へ行くと、ある飲食店で沼を知る御主人にお話を伺うことができた。

こちらのお店では地元で愛される名物やきそばも食べられる。もちもちした麺をベースに、具はたっぷりのキャベツとジャガイモ。

ここの御主人は「城が好きで」とカウンターに文献を置いている。県内の古城や刑場の話に詳しく、喜連川館と倉ヶ崎城の位置関係や伝説なども色々と伺うことができた。そう書くとあまりに偶然が勝ちすぎて、いかにも作り話っぽくなってしまうのだが、実際に城好きなのだから仕方がない。

御主人によれば、その沼には悲しい記憶があった。地元では昔から子供が溺れる沼として非常に有名だったのだ。ただ御主人も空のお堂や、そこにあったものの行方については御存知ないとのことだった。

他に数名訊ねたが御主人のお話と同様で、詳しいことは何も分からない。

北条さんも、早くにこの土地を離れ、たまに祖父母に会いに来てもこの沼のことは話題にすることはなかった。

彼女は二度とこの沼に近寄らなかったし、リュウやケンとも疎遠になった。

しかしここでおかしなものを見たという友人は一人や二人ではなかったという。

筆者も同じ場所に立って、そこで事故が多かったことは間違いないと感じる。

沼自体が危険だが、島にもかなり罠が多いのだ。

石の橋が危険なのは前述の通り。加えて、小さな島で足元にあったものは浮き上がった木の根やテグスだけではない。

数本の細いワイヤーが、島の際を通って水の中に消えている。足を引っ掛けて落水してくださいと言わんばかりだ。

上から一見しても島の存在に気付かなかったように、周囲からの見通しが非常に悪く、溺れていても気付かれない可能性が高い。水はほぼ不透明で、沈んでしまえばすぐには見つかりようがない。

つまり本当に、極めて危険だ。ここで落水するくらいならその辺の道で車に轢かれたほうが遥かにマシだと思える。

筆者は幸運にもこちら側に戻れた。

戻って一息吐いたとき、すぐに妙なことに気付いた。

島に渡る直前、あれほど確実に結んでおいたはずの両方の靴紐が、どちらも完全にほどけていたのだ。

テグス、木の根、ワイヤー、靴紐。

この沼には、まだ何かがいるのかもしれない。

線路を跨ぐ橋にまつわる話

栃木市と小山市を結ぶ県道がある。この道は栃木市に入ると、両毛線の線路を跨《また》ぐところがある。

昭和四十九年開通の陸橋だ。所謂心霊スポットとしての噂も多い。

例えばこの橋の下にお堂があって、女の幽霊が出る、というもの。

「あの下にお堂はないですよ」

この橋をよく知る小林さんは、そう軽く笑って近くの小さな神社を勘違いしたのではないかと話す。

彼は子供の頃から、この橋を見て育った。

ではそこから線路に飛び込んだ女性が化けて出るといった噂はどうか。

「どうかな。噂だと思いますよ。それにあそこにいるのは……女じゃないです」

ある晩、小林さんは蔵の町を一望できる太平山展望台で夜景を見ようと、車で件の橋を渡った。

橋の途中、ヘッドライトがこちらへ歩いてくる者の姿を捉えた。

その橋は車道のある陸橋を本体として、すぐ脇に歩道からなる細い陸橋が併設されている。なのにその歩道橋ではなく、本体の車道部に歩行者がいたのだ。

そもそもこの辺りは車社会だ。一日を通してこの橋を徒歩で渡る人はあまり見かけない。

学生服のような黒っぽい服装をした男性だ。

(こんな時間に危ないな)

念のため、慎重にスピードを落とす小林さん。

すれ違うときに、男がこちらに顔を向けた。

あれっ？　と小林さんは首を傾げる。

(中学生のときの知り合いと似ている気がするけど……違うよなぁ)

橋を下りて少し走ると、蔵の町として知られる栃木市の市街に入る。

市街地を通る例幣使街道から75号に出て、後は太平山公園線のなだらかな下り坂をまっすぐ——のはずが、ランドマークの交差点陸橋下のファストフードが見えてこない。

ようやく道を間違えたことに気付いた。

橋で見た男の顔がちらついて集中を欠いたか。この辺の道は、主要地方道路とされる二桁県道でもとても狭く、見落とし易いのだ。

そして、彼は太平山からも離れた見知らぬ無人の神社に着いてしまった。静まり返る参道、その脇にぼんやりとした明かりがぽつぽつと並び、誘うようだ。

引き返し、本来の目的地へ行く道に戻った。

たまたまその道は、彼の母校の中学校の傍を通った。懐かしさに、車を停めて校舎を眺める。

すると、とっくに消灯した校舎の中でぽつりと何かが光った。

(最近は警備会社の見回りとか入ってるのかな)

何となく、とても嫌な予感がした。大事な何かを忘れているような。

そのあと彼はまた道を間違え、今度は火葬場の前に着いてしまった。太平山展望台には何度も行ったのに、こんなことは初めてだ。

夜の火葬場の雰囲気は昼間とは比べ物にならない怖さがある。まるで建物全体が消し炭のように見えた。

(そういえば中学のときって、あんまりいい思い出なかったな……)

何故さっき母校を眺めたときでなく、今になってそんなことを思い出したのか。

彼自身にも分からないながら、こうして見回すと何かを辿らされているような、そんな感覚があった。

夜景どころの気分ではなくなり、彼はそのまま自宅へ戻った。

次の日の朝、車内から線香の残り香が漂っていた。

「その後も何度か同じ人を橋のところで見かけました」

線路を跨ぐ橋にまつわる話として、小林さんが昔聞いた噂がある。

その橋で事故があり、市内の高校生が亡くなった。夕刻、自転車で橋を渡っていた男子高校生が轢き逃げに遭ったそうなのだ。目撃者がおらず、犯人も捕まらなかった。

そしてその後、橋の脇には歩行者・自転車用の細い橋が増築された。

その橋で男を見ると、小林さんは車をどこかに停めて、落ち着いてから運転するようにしている。

「何か嫌な感じがするんです」

男は誰か、中学の知人に似ていた。

しかしその知人の名前を、小林さんは思い出すことができなかった。

黒い客

栃木県の壬生《みぶ》町には〈おもちゃのまち〉というファンタジックな地名が存在する。

県内を南北に走る東武宇都宮線の停車駅の一つ、おもちゃのまち駅周辺に位置するおもちゃのまちは、一九六〇年代に東京から誘致された十を超す玩具会社の工業団地が整備されたことに始まり、まずは駅が新設され、その後実施された町名変更によって誕生した。

以下に綴るのは、おもちゃのまちにほど近い場所にかつてあった玩具店で起きた出来事である。

同店でアルバイトをしていた三度目の登場になる理香子さんは、当時店に幾度となく現れた〈黒い客〉の存在を恐れていた。

最初にその黒い客が現れた日、レジに立っていた理香子さんは突然の悪寒に襲われた。

週末の昼下がり。店内はおもちゃを選ぶ、親子連れや小学生のグループで賑わっており、誰もが笑顔で幸せのオーラに満たされていたのに、その全てを払拭してしまうような息苦しさとともに、理香子さんの全身を寒気が走った。

ほぼ同時に、店内入り口に設置された自動ドアが開き、全身黒ずくめの大柄な人物が早足でレジへと一直線に向かってきた。よく見るとその客は、着ている服が黒色なのではなく、顔も手足も全てが黒い、〈影〉そのものであった。

明らかに異質な存在であるその影に、他の客は誰ひとり視線を送ることはない。自分だけに見えているのだろうかと理香子さんが動揺していると、レジのカウンターにぶつかるかの勢いで向かってきた影は、まるで蒸発したかのようにすぅっと消滅した。とそこへ、

「アンタはいつもそうやって文句ばっかり！」

憤怒の表情の女性客が、怒声を響かせつつ自動ドアから現れた。

「ほらっ！　さっさと選びなさいよ、のろま！」

女性客は、小学校低学年くらいの男児の手を乱暴に引いていた。親子であろうと思われたが、マシンガンのように息子に向ける罵声の数々に、周囲のお客さんは眉を顰《ひそ》める。

ここは子供達にとって、楽しく夢のある場所のはずだ。どんな事情があるかは分からないが、母親の言動はこの場に相応《ふさわ》しくないと、理香子さんだけでなく他のお客さん達も困惑している空気が店内を満たしていく。

泣きべそをかきつつ、陳列棚から人気商品のカードセットのパックを手に取った男児は、母親に追い立てられながらレジへとやってきた。小銭をバラまくように会計を済ませた母

親は、肩を怒らせて店を出て行き、男児もそれに続き、ようやく店内に平穏が訪れた。

この母親の迫力に圧倒され、直前に遭遇した影の存在を忘れかけていた理香子さんであったが――。

同じような状況がその後も続いた。

理香子さんが店内を徘徊する黒い影を目撃すると、その直後には必ず怒れる母親が入店してくるのだった。時には我が子に、時には配偶者に、両親若しくは義両親と思われる年配の人物にまで、激しい感情をぶつけていた母親達。

まるで影は、彼女達を店内に導くように現れていた。

理香子さんは特に霊感が強いという訳でもなく、その店以外では影を見ることはなく現在に至る。その土地に何か因縁があったのか、若しくは玩具店という子供のための空間と母親の念の相性のようなものがあったのか。

その後結婚し二人のお子さんに恵まれた理香子さんは、育児のストレスに潰されそうになった際、自らが影を生み出すことのないように自重し、お子さんと向き合うように努めたと語る。

現在おもちゃのまち周辺は、国内外の歴史的価値のある玩具コレクションが魅力の〈バンダイミュージアム〉を始め、北関東自動車道・壬生PAに繋がる〈みぶハイウェーパーク〉、〈とちぎわんぱく公園〉、〈壬生町総合公園〉、そして〈壬生町おもちゃ博物館〉から構成される、東京ドーム十一個分の敷地面積を誇る〈道の駅みぶ〉など、大人も子供も楽しめる観光施設が盛りだくさんとなっている。

御家族連れで訪れる際には、どうぞ新たな影を作り出すことなく、心穏やかに過ごしていただきたい。

鹿沼《かぬま》の思い出

三十年ほど前になる。

当時、末継さんは鹿沼市に住む男性とお付き合いしていた。

東京に住む彼女は、車を運転して鹿沼市まで通っていた。かなり距離はあるが、栃木県内のどこへ行っても楽しかった思い出しかない。特に鹿沼市に関しては詳しくなった。

「今確認すると、結構な山奥に住んでる人だったなって」

よく頻繁に通えたものだと思う。

近くに古峰神社があり、そこへもよく出かけた。

夜間、末継さんが例幣使街道を車で走っていたときのことだ。

杉並木の間を何かが飛んでいった。この辺ではよく、ムササビが目撃されている。すぐにそれだと気付いた。

最初に見たのは確かにムササビだったと思うが、それとは少し違ったものも、ヒュンヒュンと木の間を飛んでいった。

「えっ」

天狗に似ている。大きさは小さい。

――子天狗だ。

栃木県鹿沼市にある古峰神社は、祭神は日本武尊《やまとたけるのみこと》。天狗が祭神の使いとされ、天狗の杜《もり》とも呼ばれている。

末継さんは、古峰神社の天狗は本当にいるのだと思った。

詳しい場所は覚えていないが、鹿沼市ではない。

末継さんが彼氏の地元の友達らと一緒にキャンプをした場所での話だ。

近くに日本名水百選の湧水があったような気がする。ペットボトルや水筒に汲《く》んで持ち帰る人を見かけた。そこでは地元の人が多く、観光客は見かけなかった。

「ずっとキャンプ場だったと思い込んでたんですが、よく考えると違うと思います。山の中でしたが」

野良キャンプだったかもしれないという。数人の男女が参加していた。

そこでビールを飲んだ。

「途中で彼氏が尿意を我慢できなくなって」

山の中にトイレはない。仕方なく、森の奥のほうで済ませると言ってその場を離れていった。

暫くすると、ズボンのファスナーを全開にしたままの彼氏が慌てた様子で戻ってきた。

様子がおかしく、妙なことを言っていた。


彼氏が森の奥で用を足していると、目の前に大きな目玉がいた。

両手で抱えるくらいの大きさはある。

(あれぇ、俺、もう酔ってるのかなぁ)

目を閉じ、目頭を押さえてから考えた。

もう一度前を見る。

大きな目玉はちゃんとそこにいた。

悲鳴も出ない。

慌ててこの場から逃げようと思ったが、放尿は止まらない。彼氏はズボンに尿を掛けながら、ズリズリと後ずさりした。それから身体の向きを変えると、仲間のいるほうへ本気で走った。

彼氏曰く。

「怒ってるとかそういう感じはなくて、ただじっとこっちを観察している。そういう感じだったんだよ」

目玉の話も大変だが、色々出したまま戻ってきたことも問題だ。

その後、この彼氏とは色々あって別れたが、このときのことは楽しい思い出だそうだ。

日光街道

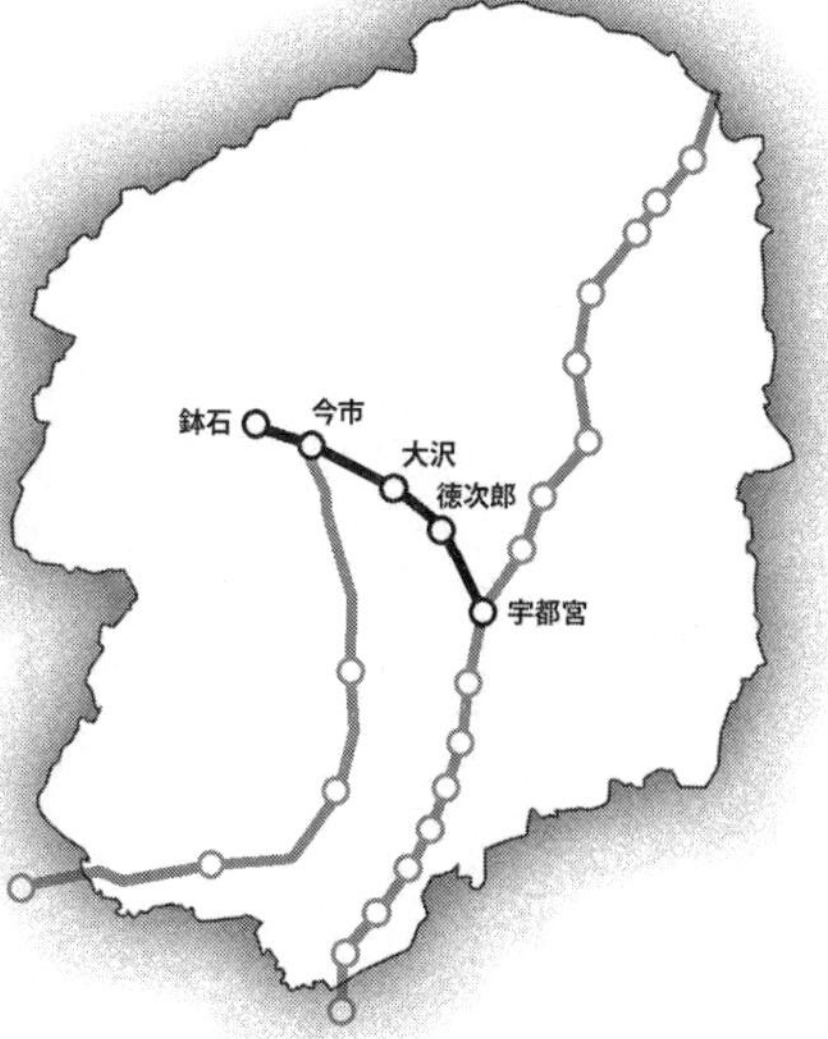

日光街道は、宇都宮市で国道4号から国道119号線として分岐する。

現在の県庁所在地である宇都宮から、市内を流れる田川とともに北西の山間部——日光へ向かって延びる。

道自体は奈良時代にはあったとされるが、将軍家が日光東照宮を詣でるのに整備された。『宇陽略記』によればかつては人馬が街道を埋め尽くしたという。

大谷石で有名な大谷、大谷石をふんだんに使った古い町並みの残る徳次郎を通る。かつて例幣使は途中、旧・今市市にてこの日光街道に入り、日光へ向かった。

本書の旅も目的地である世界遺産・日光に近づいた。

帰路はない。ここが最後のルートである。

どうか安らかに

里美さんが県立高校二年生のとき、数十年前の話だ。

一年生の男子生徒が亡くなった。

夏休み中、県北の川に遊びに行った先での事故だったという。

「夏休みが終わって始業式のときに、体育館で黙祷をしたのを覚えています」

亡くなった男子生徒の名前を聞いても、知らない生徒が亡くなったくらいにしか思わなかった。後になり、同じ中学校出身だと知ったが覚えがない。

更に後日、中学の恩師と会った際にもその生徒のことが話題に上った。

「とても真面目で部活も頑張っていた。誰に対しても優しい生徒だったな」

以前、里美さんが一階から三階にある美術室まで、一人で石膏《せっこう》像を運んだことがある。

ブルータスの胸像だ。

放課後ということもあり、校内は静かだった。階段の途中ですれ違う生徒や教師もいたが、重そうに運ぶ里美さんを見ても素通りだ。

一人で階段を、ゆっくり上る。石膏像をうっかり落とせば割れる。階段の途中で休む訳にはいかず、踊り場で休憩した。

やっとの思いで二階に着いたところで石膏像を下ろし、うっすら滲んだ汗を拭く。

気合いを入れ直すように大きく息を吸い、吐き出したところで一人の男子生徒が通りかかった。

「どこまで運ぶんですか？　手伝いますよ」

細身で背が高い。初々しい雰囲気から一年生だと分かった。

男子生徒はそこから美術室の前に着くまで、一緒に石膏像を運んでくれた。

「重かったでしょ。ありがとう。ごめんね」

里美さんが何度もお礼を言うと、笑顔でその場を去っていった。

(あんな優しい生徒が、この学校にいるんだ)

とても幸せな気持ちになった。

名前を訊けばよかったと後で気付いたが、そのうちまた会えるだろうと思った。

「その子が、川で亡くなった男子生徒でした」

それは後から判明したことだった。

『誰に対しても優しい生徒』と恩師が言った通りだと思う。

よく思い返してみると、中学でも見たことくらいはあるはずだ。当時、男子は皆坊主頭で、再会しても気付けなかったのかも知れない。

それもこれも今にして思えば、である。

当時の里美さんは、体育館で言われるまま黙祷をしただけだった。


事故の次の年。

宇都宮の神社のお祭りで、死んだ男子生徒を見かけたという噂話が広まった。

お祭りの最中、駅前から続く大通りにある宇都宮二荒山《ふたあらやま》神社の近くで、何人もがあの男子生徒を見たというのだ。

学年の違う里美さんのところまで伝わってきたが、死んだ人間がいる訳がないと信じなかった。

放課後。

美術室に用があり階段を上った。美術室の隣に美術準備室がある。そこに美術の担当教師がいるのだが、部屋には鍵が掛かっていて不在のようだ。

隣の美術室のほうにもしっかりと鍵が掛かっていて入れない。急用ではないこともあり、この日は帰ることにした。

階段を下りていると、一人の男子生徒とすれ違った。

「あれ……今のって……」

石膏像を運ぶのを手伝ってくれたあの男子生徒と似ている。川で亡くなっているのだからそんなはずはない。

(もしかして私の勘違いだったかな)

亡くなった生徒は別の子で、手伝ってくれた生徒ではなかったのかもしれない。

足を止めて振り返ると、男子生徒も彼女を見ていた。見覚えのある顔だ。

「あっ、やっぱりあのときの。石膏像を運ぶのを手伝ってくれたよね。ありがとう」

里美さんが声を掛けると、男子生徒は笑顔で軽く会釈をした。

「お礼に、ジュース奢るよ」

一階に自動販売機がある。里美さんはそこまで行ってくるから、ここで少し待っていてほしいと伝えた。

『この先で、友達が来るのを待たないといけないので』

男子生徒はきっぱりと断った。先ほどまでの笑顔が消えていた。口調が突き放すように冷たかった。

彼女の高校の廊下はいつも静かで、放課後ともなると音はそれなりに響く。

階段を上った男子生徒の足音は、姿が見えなくなるのと同時に消えた。

「後で確認したのですが、やっぱり亡くなった男子生徒で間違いなかったです」

人違いではない。それなら一体どういうことなのか。里美さんは混乱した。人に話せばまたおかしな噂話として広まる。何となくそれは嫌だと感じた。

二荒山神社近くでの目撃談も、案外本当なのかもしれないと思った。


亡くなった男子生徒と同じ学年の生徒が、卒業後に車の事故で一人亡くなっている。

『友達が来るのを待たないといけない』

男子生徒が言っていた言葉が、少しだけ気になった。

☞あの家

宇都宮市北西部から鹿沼に掛けて、ケンちゃんハウスと呼ばれる家がある。

これには一家惨殺があったとか色々な伝説が付いて回るが、家そのものは実在した。或いは、実在する。

何故家なのに広範囲に地域が跨っているのかというと、それはケンちゃんハウスと目される物件が複数存在するからで、これは既に壊された物件を含め、三か所——市北西部のインター付近、鹿沼市、北部の雑木林がある。これは決して、狭い範囲ではない。

多くは二〇〇〇年代までに自然に帰っているが、最低一つは現存するためその詳細な場所は伏せる。

この件については主に二つの謎がある。

一つは所在地。一体どれが本物のケンちゃんハウスなのかという問題だ。

しかしまずは、恐らくこの〈ケンちゃんハウス〉なる実にキャッチーなネーミングが関心を惹くだろう。意味が分からない以上に、一度聞いたら二度聞き返して、二度と忘れられない強烈なセンスがある。

名前が第二の謎である。

基本的に栃木県民は他人の名前に関心がない。屋号で呼びならわし、ともすれば元の姓を忘れてしまう。原型のない渾名《あだな》を付け、本名は忘れる。そこまでは田舎ではままあることにせよ、栃木では女の子はハナならハナ子、ユミならユミ子と勝手に〝子〟を付けて呼んでしまうくらいだ。

だからこの絶妙な名前も、勝手に誰かが付けたか、魔改造された名前が生き続けていると思われる節がある。

しかし筆者が九十年代中頃、初めて聞いたケンちゃんハウスは、言われている三か所の候補とは別にあるのだ。

筆者はそここそが本物のケンちゃんハウスだと、特に根拠もなく思い込んでいる。ただこの話は、そここそが本物だという至極明瞭な根拠を示す。更に、名前に関する謎も同時に解決してしまう。

――何しろ……。

＊

最後の候補である雑木林に比較的近い、ある沼の畔《ほとり》と言って良いような場所にケンちゃんハウスはあった。

諸説あるという前提を忘れ、本稿ではひとまずそれこそが本物であるという前提で書く。

九十七年頃、最初に聞いたところでは、この話の主人公の宝田さんはその土地の小学校の新任教師であった。九十七年よりも更に十年ほど遡る。

赴任してきたばかりの宝田さんが、家庭訪問として教え子の家々を回っていたときのことだ。

夕方、その日の家々を回り終えた宝田さんは学校に戻ろうとしていた。

宇都宮市の北西側、田畑の間ののっぺりとした住宅地に突然森や竹林が現れる場所だ。

宇都宮は駅近辺こそ整備され、ビルの立ち並ぶ都会然とした都市だが、北から戸祭《とまつり》という台地が楔《くさび》のように市中心部に食い込んでもいる。その台地が分かつ東が東北新幹線で、西が日光街道だ。

その日光街道近くの、点々と続く住宅の間を、宝田さんは歩いていた。

寺の近くを通りかかったとき、路地に立って見送るような視線を送ってくる子供の姿に気付いた。

職業柄、どうしてもその年頃の子供を観察してしまう。

年頃からすると、ちょうど教え子でもおかしくない頃だ。学区からすると宝田さんの小学校の児童であるはず。

ただ、それにしてはどうも浮いて見えた。

クラスでは勿論、近い学年でも見た覚えがない。しかし熱心にこちらを見てくる様子からして、どうもその子のほうは宝田さんを知っているのではないかという気がした。

思わず、宝田さんは近づいて訊ねる。

お名前は？　何年生？

少年は名乗った。ケンジとかケンイチとか、そういった名前ではなかったらしい。

学年については何も答えない。

二年か三年か分からない……よりむしろ『何年生？』の意味が通じていないように感じられた。

悪い予感がした。非就学児――当時、登校拒否などが問題視されるようなった時期でもある。

しかし続く、『お家はどこ？』の質問に、彼は反応し、奥を指差した。

沼と、小さな森の方向である。ちょうど、宝田さんの行き先とも合う。

聞けば『お家の人』はいないのだという。それも長い間ずっといないかのような口ぶりだった。

――問題がある。

どのような種類の問題かは分からない。ただ何らかの問題があることは明らかだ。

少年は宝田さんを連れて、家まで帰ることに同意した。

彼女は様々に考えを巡らせながら少年の後に続く。

だが。

少年の案内する方向は、どうも妙なのだ。

遠いとか家がないとかではなく、彼自身も道を分かっているのかいないのか、やや心許ない。

そのとき、宝田さんはふと路肩に視線を投げて、違和感の正体に気付いた。

☞　○○家

道路脇の白黒の看板。それは紛れもなく、葬儀の案内看板である。

少年は自分で道を覚えているのではなく、その案内看板に沿って宝田さんを誘導しているのだ。

彼女は少年を質そうかと考えあぐねていたが——その前に、沼の畔にある古い二階建ての民家に辿り着いた。

周囲を沼と雑木林で囲われ、ぽつんとした一軒家だった。

人の気配はない。

ただ、家の前には——。


〈ケンちゃんハウス☞〉


大きな板に手で書かれた看板が、立派な二本のポールで高々と掲げられていた。

白いペンキで下塗りもして、枠を赤や青に塗り分けてもいる。

通電こそしていないが、電球を括りつけて電飾すら施そうとした形跡がある。

しかしそれは、どう見ても……。

看板の下で、少年が笑っていた。

＊

翌日、宝田さんが他の先生を連れて再度その家を訪問したとき、そこには看板もなく、少年の姿もなかった。

先生の一人が、ここは長く空き家であることを話したという。

本書のためにこのエピソードを書き起こすのに際し、改めて宝田さんに連絡を取ろうとしたが、何分、年月が経ちすぎていた。

この話は過去、彼女自身が公開していたものに加えて筆者に語った内容で構成され、収録に関する許諾は以前に取ったものだ。

性質上、年代に関する記述は少々曲げて記述したものの、『ケンちゃんハウス』の伝説が広く知られるよりもかなり早い時期であったことは書き添えておく。

蔵の窓

県庁所在地・宇都宮市の北西部、大谷《おおや》地区に位置する大谷石資料館《おおやいし》は、同地域を中心に採掘される大谷石の巨大な地下採石場跡地を見学することができる、宇都宮市内の人気観光スポットである。

緑色凝灰岩に分類される大谷石は、軽量で加工し易い上に、耐火・蓄熱・防湿性に優れているという利点から、県内では古くから建物の外壁や土蔵などの建材として重宝されている。

街を歩くと、自然石ならではの風合いが特徴的な大谷石で造られた建築物をあちこちで目にすることができる。更に現在では、大谷石の石蔵を再利用したカフェやレストラン、ギャラリーなども人気を博している。

宇都宮市出身の福田さんが聞かせてくれたのは、そんな石蔵の思い出話だった。

福田さんの実家周辺では、石蔵のある家が決して珍しくはなかった。農家が多い地域だったので、広い敷地の一角に大小の差はあれど、肥料や農産物を保管する石蔵を備えたお宅が通学路に何軒もあったそうだ。

そのうちの一軒の石蔵が、幼少時の福田さんはどうにも苦手だったという。

南向きの壁の高い位置に、金属製の格子が入った小さな窓があった。その窓から、下校時の福田さんを見下ろしてくる、同年代と思われる女の子の姿を度々目にしていた。声を発することもなく、ただじっと睨みつけるような視線を送ってくる少女。

学校も行かずに何をしているのだろう。友達はいないのかな。話し掛けてみようかな。

十歳にも満たない子供の身長で、分厚い石壁の高窓の真正面から顔を覗かせている状況は、今にして思えば違和感を覚えるべきだったのかもしれない。だが当時の福田少年は、好奇心のほうが勝っていた。何かきっかけが欲しいと、少女の話を家族にしたところ、母からは、

「あそこのお宅には子供はいない」と言われ、同居していた祖父母からは、

「そのことは誰にも話すんじゃない。蔵の窓も二度と見ないようにしろ」

などと、きつく釘を刺された。

そんな会話を交わした数週間後、玄関先から覗いたその家の蔵の前に、真新しい小さなお地蔵様が建てられているのを福田さんは目撃した。花にお菓子、小さな女の子が好きそうな人形などのおもちゃが小山のように大量に供えられている。

福田さんの記憶によれば、お地蔵様の建立以来、蔵の窓から外界を見下ろす少女の視線

には、更に怒りや憎しみが強く滲むようになったという。「見るな」と言われた祖父母の言葉を守り、決して目を合わせないようにしていたにも拘らず、その気配を払拭することができないほど、負の感情が大量に蔵の窓から降り注いでいたと。

その後福田さん家族は父親の転勤で県外に引っ越し、老祖父母のみが暮らしていた自宅も空き家になり処分をすることになった。数十年ぶりに訪れた祖父母宅の近隣は、開発によって大きく様変わりしており、石蔵のあった家も拡張・新設された道路の一部と化していた。

震災によって幾つもの石蔵が損壊の被害に遭い、取り壊されたとのこと。

仕事や観光で宇都宮を訪れ、お洒落にリノベーションされた大谷石蔵の施設を見かけると、福田さんは再生することのなかったあの少女が窓辺にいた蔵を思い出し、複雑な心境に陥るという。

日光街道・徳次郎《とくじら》の六本杉

宇都宮市は栃木県の県庁所在地である。

県のほぼ中央にある宇都宮から、北西、日光方面には日光街道が伸びている。日光街道としての開設は一六一九年だが、日光東照宮に徳川家康が祀られるより遥かに早く、この道は奈良時代からあるとされる。

宇都宮市に北から楔のように入り込む戸祭台と大谷石で有名な西の大谷との谷間を、日光街道と田川が走る。

市内を流れる田川は、これ以上雑な名はもう〝川川〟しか考えられないほど投げやりな名前ながら、実に良い川だ。穏やかで暴れることも殆どなく、遊歩道や手頃な河原もある。八幡山《はちまんやま》、宮祭りに並んで宇都宮市民の心の拠り所になっている。

宇都宮駅の西口からバスに乗り四十五分ほど日光街道を行くと、田川の上流、徳次郎という場所に着く。かつての宿場町だ。

日光街道は現在の国道１１９号線で、今は新しいバイパスもある。しかし元は奈良時代にまで遡る古い道なので、大部分は片側一車線の狭い道だ。

狭い道なのに、徳次郎で中央分離帯が現れ、六本の杉の木が植えられている箇所がある。日光街道や例幣使街道は杉並木が多いので気付きにくいが、ここだけ中央分離帯があることも、そこに杉が一列に並んで生えているのもある意味異様である。

徳次郎の六本杉だ。

ここの杉にはある伝説がある。

この国道を管理する県がこの杉を伐採しようとしたところ、請け負った業者に不幸が相次ぎ、断念。道路の拡張計画も頓挫したという話だ。

この話は殆ど知られておらず、九十年代に市内の小学校で配られた冊子に紹介されていたのを保護者が覚えていたことだけが分かっている。

話自体はありがちなものだ。しかし狭い道で分離帯に取り残された六本の杉は、いかにもそれらしい。しかも呪いの木が六本も一か所にあるとしたら少々特異なことである。

だが調べようにも、まずそれが何年のことなのかも分からない。祟るにしても何が祟るのか、由来らしきものさえない。

妙な場所にあるとはいえ、ただの木なのだ。

手元の写真資料では、『徳次郎の六本杉』と書かれた立て札も見える。この裏面に由来が書かれているかもしれない。現地に行けば由来なり謂《い》われなり、何か手掛かりがあるのではないか——そう考えた筆者は、実際にその場所を訪れた。

最寄りのバス停からものの二百メートル北に、問題の六本杉がある。たまり漬けの大きな看板で「あそこか！」と思う人も多いのではないか。

下の写真で、右奥にあるこんもりとした森は智賀都《ちかつ》神社で、六本杉ではない。この神社にも大きな樹齢七百年の大きな二本けやきがある。県天然記念物の指定が昭和二十九年九月ということだから『鴇の碑』の一件から六〜七カ月後ということになる。

この神社は祭神が大己貴命《オオムナチノミコト》、田心姫命《タゴリヒメノミコト》、味耜高彦命《アジスキタカヒコネノミコト》であり、ここだけでほぼ日光全体と言える。大正五年から昭和二十二年にGHQに社格を廃止されるまでは、恐らく国家神道での社格が高かったのだろう。鳥居の外には一際大きな戦没者慰霊碑が祀

られている。

ここを通り過ぎると、神社の裏に大きな、新しい高齢者ケアセンターが見える。

その前の道の中央分離帯に――。

杉がない。

何と、伐《き》れないはずの六本杉が、残らず伐り散らかされている。

後には雑草の生い茂る中央分離帯が残るのみ。看板も撤去されてしまっていた。

この展開は全く予想していなかった。筆者はここで杉を見るはずだった。しかし看板には何も書かれておらず、馬鹿みたいに写真だけ撮って右往左往することは覚悟していたのだが。

すぐ右手の高齢者施設の一階が喫茶・六本杉珈琲である。店の名前に六本杉を冠しているのだから筆者よりも困っているに違いない。

「一般の人も歓迎してるんですけどね。色々工夫してるけど、ホームの施設みたいに見えちゃうから」

とはいえ、そう語るマスターの表情は明るい。

施設自体が八十年以上の歴史を持つ県内最古の老人ホームであるらしい。建物が最近新しくなったとかで、店内は光るほどの清潔感。コーヒーも、美味しい水で入れたアイスコーヒーの味、ボディがしっかりしているのにすっきりして美味しかった。チーズケーキも甘さが控えめでコーヒーに合う。

施設の前に続く並木は桜であるという。

マスターに杉のことを訊ねると次のようなことが分かった。


確かに長い間、六本杉という杉はあった。

それがここ一年ほどの間に残らず伐採されてしまった。枯れてしまって危ないので已《や》む無《な》くということらしい。

祟りがあって伐れないはずの杉が全部伐られてしまっただけでかなり困る。

しかし詳しく訊くと更に困ることになる。実は近年六本杉は数年で枯れてしまい、定期的に若い杉に植え替えられていたのだ。それでも一本一本枯れてゆき、追いつかずに遂に伐採の判断となった。

伐れないどころか、市が甲斐甲斐しく維持していたのであるから、これはもう祟りどころの話ではない。

ところが、こうなると別の疑問が湧く。

前述のように、例幣使街道も日光街道も杉並木だらけだ。すぐ傍の智賀都神社も二本けやきほどではないにしろ、立派な杉に囲まれている。

どうしてここの杉だけがそこまで頻繁に枯れてしまうのか？

その点についてはマスターも首を傾げる。

同様の話は、他の近隣住民や路線バスの運転手からも確認できた。

つまり本当の問題は、『どうして杉が伐られないのか？』ではなく『どうして杉がないのか？』だ。

そもそも六本杉はいつからあったのだろうか。

杉が例外的に長生きする屋久島などの環境もあるが、杉の寿命は五百年程度とされている。一六一九年の開通以前のことは考えなくてもよいだろう。

江戸時代に描かれた『日光道中絵図』によれば、当時の日光街道にあったのは杉並木ではなく松並木だった（京谷昭氏らによる論文『国道119号宇都宮～今市《いまいち》間の桜並木の空間的特徴とその成立過程に関する研究』によれば、明治時代に杉並木に置き換えられたのではないかと指摘されている）。

しかし『日光道中絵図』では徳次郎宿の先、ちょうど智賀都神社の先に六本の杉が描かれている。これが六本杉の由来であると考えて間違いないだろう。ただし側道の並木に交じっており、現在の中央分離帯に並んでいるものとは異なるように見える。

　これらの並木は、大戦中に大部分が伐採されたことが先の論文で指摘されているが、この区間の初めての舗装工事を記した土木工事論文集『道路』の昭和三十年九月一八七号によれば、昭和二十九年の舗装工事（同紙前年の一七二号に詳しい）を指して、徳次郎区間に鬱蒼とした杉並木があったことが記されている。

　どちらも正しいとすれば、整備された並木としてではなく元々生えていた杉のことを指しているのかもしれない。昭和二十九年から三十一年までに行われた植樹の結果、現在徳次郎区間に並木として残るのはほぼ桜である。喫茶・六本杉の前に並んでいたのも桜であった。だが二十九年の舗装工事時点では、徳次郎に鬱蒼とした杉並木があった。

　そしてこれらのいずれにも、六本杉の記載はない。

　一方、現在の六本杉があったのは中央分離帯で、この左右だけ幅員が拡張されている。これまでの記録にはこの分離帯への言及がない。ならば昭和三十年までには六本杉はおろか、その土台となる分離帯も存在しなかった……とまでは言えない。何故なら先の資料『国道119号（略）』には、栃木県土木課OBの証言として、側道の玉石積《いしづみ》の記述があるからだ。

　六本杉の下の分離帯も、この玉石積が施されている。さすがに戦国時代の野面積《のづらつみ》でもあるまいし石積からの年代特定は難しいが、無視できない特徴である。路面より高く盛った土を石積で囲う手法は、日光街道の杉並木で全般的に見られる特徴だからだ。

同資料では石積が施された年代は恐らく明治期と推測し、更に昭和三十年前後にも玉石積が施された、とある。また昭和四十四年からまた大規模な工事が行われたが、このときは新たな用地買収が行われておらず、且つ工区もやや宇都宮寄りが主体であった。

また、六本杉の横のグループホームは昭和十八年からあったと考えられ、つまり二十九年の工事までには右折車の退避路線のために分離帯を設ける理由も十分にあった。『道路』によるとこの区間の工事は渋滞との戦いであるため、ただ分離帯を作るだけの工事など考えられない。必ず大規模な工事の一部として行われたはずである。

となれば、分離帯は昭和二十九年にはなく、三十一年までに造られた可能性が高い。

六本杉も同じ頃には植樹されていたのではないだろうか。

それほど古い杉ならば『伐ると祟る杉』と噂が立つのも無理からぬことだろう。

ここまでの調査内容で、結論を聞く準備が整った。そこで栃木県の土木課に、詳しい経緯を知る人がいないか問い合わせてみたのだが、今のところ返答はない。呪いだの祟りだのの話はしなかったのだが。

仮説としては、昭和二十九年から三十一年までの街道整備で分離帯が形成され、『日光道中絵図』に因んだ杉を植樹した。植樹の時期について確証はないが、分離帯の石積の様式からして同時期と考えて無理はない。

ならば伝えられるような、『六本杉を伐採して道路を拡張する計画』自体なかったのではないか、とも思える。考えられるのは、昭和二十九年からの植樹で、ここに桜を植えようとして杉が邪魔になった場合だ。だがその時点で分離帯がまだ存在しなかったのだから、六本杉も存在しなかったはず。勿論、横のグループホームへの出入りを考えれば、後年この杉を伐って右折退避路線を拡張しようと考えたとしてもおかしくはない。その上で何かトラブルが重なり頓挫した——としても、不合理とまではいえないだろう。

だが事実は逆で、杉を生かそうとする人間の努力があった。

そしてそれは裏切られ続けてきた。

もしかするとこの土地は、時代が変わったことを知っているのかもしれない。もう、ここに本当の六本杉がないことを。

だから伝えるべきはこういう物語だろう。江戸時代、徳次郎には六本杉という名所があった。昭和の人々はそれを再現し残そうとしたが、土地のほうはそれを拒否した。

今、かの地には杉の生えない不思議な土地がある——日光街道、徳次郎の六本杉・不在の伝説だ。

昭和二十九年と言えば、『鴉の碑』の年。前述の論文によれば当時、国鉄日光駅前は近代化されていたが、日光街道は未舗装の砂利道だった。

杉並木もあった。これより一、二年のうちには舗装され、桜が植えられ、恐らく六本杉も再現されて、現在に通じる風景が生まれたのだろう。

日光に車でおいでの際はそうした景色に思いを馳せていただくのも一興ではないだろうか。

今市の犬

　尚子さんの実家は栃木県北西部、日光市にある。

　住所がまだ合併前の今市市だった頃の話だ。

　家の目の前は田圃で、すぐ裏はちょっとした山になっている。その山の途中に、家の墓があった。

「いつも墓参りに行くときは、家族みんなで細い山道をぞろぞろと歩いていくんです」

　それが一番の近道だった。

　道といっても、獣道に近い。近所の人が犬の散歩で使うこともある。周囲には木や草が生い茂っており、昼間でも暗い。小学生の頃は、怖くて一人では遊びに行けなかった。

　山には黒っぽい中型犬が二匹、住み着いていた。

「いつも遠くから人間を見ている感じで、人には絶対に近づいてきません」

　はっきり言葉に出さないが野良犬とは違った扱いで、近所の大人達は見て見ぬふりをした。

同じ犬かは分からないが彼女が幾つになっても、同じような色と大きさの犬達を山で見かけた。

犬は必ず二匹で、増えも減りもしなかった。


ある年の夏。尚子さんが高校を卒業してからのことだ。

実家のあるあたりに大雨が降った。そのせいで山の一部が崩れた。獣道に沿って、切り落としたように崩れている。下にある民家を綺麗に避けた場所に土砂が積もり被害はなかったが、墓まで行く山道が一部使えなくなった。

「近所の人達が、崩れた場所に大きなブルーシートを上から被せていました」

ブルーシートの目立つ青い色が、崩れたのを知らせる目印のようだった。

かなり遠回りすれば、墓までは行ける。途中まで県道を使い、そこから山に入るルートだ。坂がきつく、距離もあり車がないと辛くなった。墓まで行くのは不可能ではないが、大人達は妙に落ち着かない様子だった。


この山崩れの後からだ。

山にいた二匹の黒い犬を、田圃のほうで見かけるようになった。

遠くからじっとこちらを見ている。近づいてはこない。パッと勢いよく走りだしたかと思うと、あっという間に姿を消した。


山から犬が下りてきてからだ。

近所で飼っている犬が、続けて死んだ。

死んだのは全て、外で飼っている犬だ。

庭で寝ていると思い、そっとしておく。暫く経っても起きないため近くに行ってみると、目を開けたまま冷たくなっている。

田圃であの犬達を見かけなくなると、犬の急死もぴたりと止んだ。

山に戻ったのかもしれないが、再び犬達を見かけることはなかった。

流々家

栃木県北西部に位置する広大な日光国立公園（の栃木県部分）は、日光と、鬼怒川《きぬがわ》・川治《かわじ》・湯西川《ゆにしがわ》などの鬼怒川・栗山《くりやま》地域と、そして那須寄りの塩原に三分される。

日光は日光三山、東照宮、華厳《けごん》の滝、裏見《うらみ》の滝といった主要スポットの他、神話の地である戦場ヶ原《せんじょうがはら》や中禅寺湖《ちゅうぜんじこ》もある。

紅葉、スキー、温泉――そして廃墟で有名な鬼怒川と来れば、紛れもなく怪奇・オカルトファン垂涎《すいぜん》の土地だ。

それに控える塩原は、日光・鬼怒川ほどメジャーではないかもしれない。

しかし鄙《ひな》びた温泉郷から一転、関東平野を一望できる山を更に北から回り込む日塩もみじラインは手軽に異界を体験できるスポットだ。

いろは坂を超えるきついカーブが四十五ある標高千メートルの坂で、日暮れ前にはこの西側から臨む幽玄たる日光方面、更に下りて龍王峡《りゅうおうきょう》の幻想的なライトアップと正に異界の姿を見せてくれる。エレベーターのボタンを変な風に押すよりも、確実に異世界へ行ける方法だ。

ベストな時刻は日没前の暗くなり始める頃だが、それより遅くなる場合は注意していただきたい。この山中は、暗くなると洒落にならないほうの異世界の姿を見せ始める。

日塩もみじラインは、前述の通り塩原から日光までを北周りで繋ぐスカイラインだ。当初は九十年代に無料化される予定だったが、延線のために二〇二〇年にずれこんだ。

手塚さんはある晩、バイクで那須方面から塩原を走破しようとしていた。

「目的は……特になくって。むしゃくしゃしてたんだ、あんとき。友達が手術に失敗したって聞いたもんで」

当時長く入院してた手塚さんの友人のことである。命に関わるような状況ではなかったそうだが、通常失敗するような手術ではないと言われていて、遠からず退院してまた遊べると思っていた手塚さんの落胆は大きかった。

「一番辛ぇのは本人だからな。かといって荒れそうで、見舞いにも行けなくって」

だから恐らく、彼は言葉の通り、単にむしゃくしゃしていたのだ。

箒川を逆流する形で、塩原の山を駆けていった。

昼間ならば左手すぐの崖下、深い渓谷の底に転がる途方もない巨岩や、もみじ谷大吊り橋が見えただろう。しかし夜中で、バイクであるからよそ見をする余裕もなかった。

塩原街道で鄙びた温泉地を通り抜ける。鬼怒川のようなライトアップはない。本当に昔ながらの温泉地だ。

更に山奥へ分け入ると、渓谷も温泉地も姿を消す。曲がり潜った山肌と木々のトンネルを抜けて標高千メートルに至ろうとしていた。

「で、そっからちょっと見覚えない感じになっちゃんだよねぇ。地面がさ。カーブもちょっと違うなぁって」

彼の感覚では、『ここがもみじラインか』とそのときは思った。最後に仲間とツーリングに来てから随分経っている。違和感もさほど気にしなかった。目的地もないのだ。自然に行けばもみじラインを下って鬼怒川に出るはず。

鬱蒼と茂る木々が頭上を覆う。ヘッドライトの限られた視界でもそれは分かった。舗装路をバイクで走っておきながら何だが、主観的には人跡未踏の秘境である。

「……迷ってねえよ？　地元っちゃ地元だし。あんま行かねえけどよ」

そのうち、道は上りから下りに転じた。

だが手塚さんは、無視できない違和感を覚えた。

もみじラインは当時まだ有料道路であった。ここまでのどこかで料金所を通っているはずなのだが、その記憶が抜け落ちているというか、曖昧なのだ。

「最初は特に、何とも思わなかったなぁ。てっきりもう無料化したんだと思ってたから。でも待てよ、と」

通っていると思った道路を通っていないとすれば、それはつまり現在地不明である。

「迷ってねーんだってば。迷う訳あんめ。迷うほど道がねえんだから。でも念のために」

彼は元来た道を引き返し始めた。

せっかく下り始めた坂を、また上る形になる訳だ。

するとほどなく。

ヘッドライトの中に、突然とんでもないものが入り込んできた。

猿だ。親子連れの猿が、道路をこっちに向けて走ってくる。

慌ててハンドルを切る手塚さん。猿を回避すると、今度はその向こうから。

プロパンのガスボンベが転がってきた。

おお！　おお！　と叫びながらボンベも回避する。

しかしまたその向こうに——。

家が現れた。

バイクを停める。そうせざるを得ない。

今しがた通ったばかりの道であった。

その舗装路を半分塞ぐようにして、家が建っていたのだ。さっきは勿論、こんなものはなかった。

猿。ボンベ。

今引き返す間に、ここに出現したとしか思えない。

道にはみ出した家の残りは、右手の森の中へと消えている。

地滑り――と、かなり長い間バイクの上で茫然と考えていた彼は、地滑りで家が落ちてきたのだと考えた。

だが、そもそもそんなところに民家はない。あるとして山頂付近のスキーリゾートの施設である。

しかし今、目の前に現れた家には、電灯の明かりが灯っているのだ。

災害とも思い難い。

「ごめんください。夜分にすみません」

手塚さんは、その家の引き戸をバンバンと叩いていた。

明かりは漏れてくるが、返事はない。
「お晩です」と繰り返し声を張り上げても、身じろぎの音さえないのだ。
そしてふと、手塚さんは我に返る。
自分は何も意識せず、バイクを降りていた。回覧板でも回すように、当たり前のように
その家の戸を叩いているが――おかしいのではないか。
手塚さんはそう気付くと、いても立ってもいられなくなり、即座に踵を返してバイクに
乗り、坂を下り始めた。
やがて見知った鬼怒川に辿り着いた彼は、ようやく人心地ついたそうである。

＊

別の話である。

塩原のもみじラインの近くに、『売り家』の看板が立っていた。

湿気の多い、本当にこんなところに誰が住むのかというような場所である。

不動産屋の露久保さんは、首を傾げる。

「別荘、だったっけ？　この土地、ウチに回ってきたときは小さい家があった。でも今は

ね、見たら分かるでしょ」

そこは、草木と蔦《つた》の生い茂る、日当たりの悪い空き地だ。

家はない。

「……ないんですよ。取り壊してもない。書類上は、どっか行っちゃったとしか思えんのです」

湯処栃木

栃木の魅力を語る上で外せない話題の一つに、関東屈指の温泉県だということが挙げられるだろう。

六百を超える源泉数と多彩な泉質、北部山岳部から南部の平野部まで各地に点在する充実した温泉宿や日帰り浴場の施設。お勧めを綴りたいのは山々であるが、本書で語るべきは栃木の怪。この項では、栃木の温泉地にまつわる話を記してゆく。

【其《そ》の壱】　小山市

エミさんのお父様は四十代の若さで他界された。

当時エミさんは高校生。哀しみのうちに葬儀・納骨を終え、一周忌の法要で、親戚一同が集った際のことだ。

「実はねエミちゃん、貴女のお父さんね、亡くなる直前にウチに来たのよ」

そうエミさんに話し掛けてきたのは、栃木に住む伯母だった。エミさん家族は東京在住。都内の病院に入院し、闘病生活を送っていた父親が、栃木の伯母に会いに行ったという話は初耳であった。伯母の話によると――。

ある日の夕暮れ時、伯母宅の玄関の引き戸がカラカラと音を立てた。昭和の田舎の住居である。玄関を施錠している家など皆無といっていい時代だ。

だが、御近所さんが用があって訪ねてきたのならば、声が掛かってもいいはずなのに、その後、何の物音も聞こえてこない。

不思議に思った伯母が、お勝手から玄関口をひょいと覗くと、薄暗い土間にエミさんのお父さんが一人立っていた。

伯母さんは咄嗟に言葉が出なかった。何故なら、エミさんのお父さんがこの場にいられるはずがなかったからだ。闘病中の彼が、入院先の病院でもう先が長くない状態であることは既に聞いていた。なのにその彼が、今目の前にいる。何と声を掛けるべきなのか、戸惑う伯母さんに、

「ごめんなぁ」

弱く細い声ではあったが、父親の口から発せられた詫びの言葉が、しっかと伯母さんの耳に届いた。

「温泉に行く約束、守れなくて、本当にごめんなぁ」

そう言い残して、エミさんの父親は三和土《たたき》に吸い込まれるように、伯母さん宅の玄関か

ら姿を消した。

そして数日後、伯母さんの元に彼が逝去したとの連絡が入った。

この伯母さんは、エミさんの母親の姉に当たる人物である。彼女が暮らす栃木の家は母親の生家であり、父親の実家は北陸の地にあった。

つまり、死を目前にしたお父様が魂を形にして現れたのは、自分の実家ではなく、伴侶である妻の実家だったということになる。

お父様は生前、お母様の実家・栃木を訪れるたびに県内で巡った温泉地を、どこもいたく気に入っていたそうだ。

「また来るから」

交わした約束を守れなかったことを詫びに来たというよりも、

「余程もう一度、温泉に入りたかったんじゃないですかね」

と、エミさんは亡き父親の思い出を語ってくれた。

現在、エミさんの母方の実家がある小山市には、天然温泉が自慢の日帰り入浴施設が所在し、観光客や地元の家族連れで賑わっている。お父様が御存命であれば、喜んで通われたのではと思いを馳せる。

を果たした。

【其の弐】 日光市

アイコさんは栃木県出身。都内の大学へ進学したのち、そのまま東京の一般企業に就職を果たした。

社会人三年目の秋口の話だ。

入社以来仲良くしていた同期の仲間と、旅行の計画が上がった際、「栃木の紅葉を見せてあげたい」と考えたアイコさんは喜んで幹事を買って出た。

週末一泊二日の旅先に選んだのは、栃木県の北西部に位置する、〈秘湯〉の呼び名で評判のとある温泉地であった。茅葺《かやぶ》き屋根の宿や民家が立ち並ぶ里の風景は郷愁を誘い、紅葉で色づいた山々の美しさは、都会の喧騒を忘れさせてくれるだろう。県内出身者でありながら、アイコさんも訪れたことがなかった歴史的浪漫に溢れる温泉郷への旅を、同期の友人達も心待ちにしてくれていた。

だが、いざ週末は楽しい旅行だとなった月曜日、職場でトラブルが起きた。アイコさんらの温泉行きの情報をどこから耳にしてきたのか、ツキコさんという先輩女性社員が、自分も行きたいとゴリ押ししてきた。

「人数が増えるんだから、旅館側も大歓迎だって。予約変更お願いね」

ツキコさんの思惑は推測できた。

常に社内の男性の誰かとの交際を狙っていると噂されていたツキコさんが、上司や同期の独身男性社員には相手にされず、お次は年下にターゲットを移してきたらしく、最近の彼女のお気に入りが、今回の旅の同行者の一人であるセキネ君だったのだ。

旅行はアイコさんともう一人の女性社員、そして男性社員二人の同期四人で計画していた。恋愛感情のない四人だったからこそ、気の置けない付き合いができていたのに、そこへ色恋目的のツキコさんが入ってくるのは抵抗があったが、彼女の機嫌を損ねると職場の雰囲気が最悪になることが想像された（事実、ツキコさんがお目当ての男性社員から交際を断られるたびに、アイコさんをはじめとする女子社員達は酷い八つ当たりを受けていたので）。

当のセキネ君は大の日本史好きで、平家の隠し湯とも呼ばれている秘湯への旅を、誰よりも楽しみにしており、

「みんながOKなら、俺は問題ないよ。適当に対応するから」

と、ツキコさんの同行を大事には捉えていないようだったので、旅行はツキコさんを含む五人で敢行されることになった。

しかし、往路の電車内では常に隣にべったりで、頻繁なボディタッチを繰り返し、二人の世界を作りたがったりと、想像以上に激しいツキコさんの猛アピールに、早々にセキネ

君は音を上げた。そして、

「仕事とプライベートは分けたいので、社内の方と恋愛するつもりはありませんから」

宿へ向かうバスの中できっぱりと、セキネ君はツキコさんに宣言した。その場では「そんなつもりはなかったのに」と笑って誤魔化していたツキコさんだったが、宿に着いて部屋で女子だけになってからが酷かった。

「よりによって何でこんな宿にしたのよ。センス悪すぎ」

ツキコさんの八つ当たりが始まった。

「古いし貧乏くさいし、大体この温泉地の謂われを知っているの？　壇ノ浦《だんのうら》で負けた平家が逃げ出して棲みついたところでしょ？　負け犬の土地じゃない。縁起悪い」

スイッチが入ったのか、アイコさんが企画した旅行先や宿について不満を垂れ流し続ける。

文句があるのなら来なければ良かったのに。

心底そう感じつつも、アイコさんは大人の対応で「とりあえず、お風呂に入ってさっぱりしましょうよ」とツキコさんを誘った。だが彼女は、

「後にする。平家の隠し湯だなんて、何だか運気が下がりそう」

と、あまりにも失礼な返答をしてくるので、呆れたアイコさんともう一人の同期女性は、

ツキコさんを部屋に残して大浴場へと向かった。

待望の温泉は、刺激が少なく乳幼児から高齢者まで楽しむことができる、無色透明・無味無臭のアルカリ性単純温泉。露天風呂で、暖色に彩られた木々を眺めながら、美肌効果もあるという評判の湯を存分に堪能し部屋に戻ると――。

ツキコさんは、畳に座布団を並べて横になっていた。不貞腐《ふてくさ》れているのか、構ってくれのポーズなのか分からなかったが、声を掛けても起きる素振りがなかったので、そっとしておいた。それでも、

「そろそろ夕食ですよ」

呼び掛けるとノロノロと起きてきたので、三人で夕食の会場へと足を運んだ。

夕食の場はセキネ君らも一緒であったが、気まずいのかツキコさんは俯いたままひとことも発さず、食も殆ど進まない。そして遂にはポロポロと涙を流し始めた。

喉が、痛くて、声が、出ないの。

ツキコさんは「ケエッ、ケエッ」と掠れた言葉にもならない音を発し、表情を歪めながら、ジェスチャーでそう訴えてきた。

筆談で伝わったのは、「部屋に一人でいたところ、突然喉に違和感を覚え、声が全く出なくなった」ということだった。

汁物だけ流し込むと、辛そうな顔と足取りで、ツキコさんは一人、部屋に戻ってしまった。

「罰が当たったんだよ。あんなに大きな声で悪口ばかり言うから」

そんなことを呟いたのは、歴史大好きセキネ君であった。

宿に着いてからのツキコさんの数々の暴言は、壁を通して隣室のセキネ君らにも丸聞こえだったという。セキネ君曰く、平家一族を負け犬呼ばわりした罰が当たったのだと。

「平家の落人は、追っ手の源氏勢に居場所を悟られないように、犬や鶏を飼わなかったんだよ。鳴き声でバレるからね。なのにあんな大声で。だから首でも絞められたんじゃないかな。鶏の喉を潰したような声だったしね」

平家の亡霊の仕業だと、真剣な顔でセキネ君は言う。妄想のしすぎだと皆で笑ったが、そうとは言い切れないような事態がその夜に起こった。

就寝時にアイコさんは、ツキコさんの隙間風のような呻《うめ》き声に何度も起こされた。ツキコさんは寝返りを繰り返し、悪夢にうなされているようだった。そして翌朝彼女は朝食も摂らずに、目の下に真っ黒なクマを作ったまま先に帰ってしまった。この地から少しでも早く立ち去りたいとばかりに。更に、

「宿を取ってくれたアイコちゃんに悪いと思って、あの場では言わなかったけれど」

同期の女子が、後日こんなことを言ってきた。

「あの夜、私達三人の他に、確実に誰かいた気配がしたと思わない？　私、一晩中ずっと、鳥肌が消えなかったんだよね」

週明けの職場にツキコさんは姿を見せず、体調を崩したとのことで一週間ほど欠勤した。出勤できるようになっても、以前と比べ彼女の声は老婆かと思うほどしわがれたままの上、人が変わったように大人しくなり、半年もしないうちに退職してしまった。


歴史や民俗学に関心がある方ならば、平家の落人伝説が残る地域が、日本全国に幾つもあることを御存知であろう。しかし、どれも伝承として語られているのみで、信頼ある資料は少なく、中には学者によって否定されている場所もある。

栃木県内においては、川俣《かわまた》、那須塩原、湯西川などで、平家に関する伝承が語り継がれているが、どこも学術的に立証されている訳ではない。

故にツキコさんの身に起きた出来事は平家の仕業だとは言い切れないが、一説によれば、アイコさんらが訪れた温泉郷は、八百年も前から現在まで湯を湛え続けている歴史ある地なのだから、悪し様に罵れば、頭にきて悪さをしてくる〈何か〉も存在しうるのかもしれない。

因みにアイコさんは、一連の不可思議な事象を恐れるよりも、同温泉郷の風情をいたく気に入り、以降何度か友人と訪れ、趣深い宿と名湯を楽しんでいるという。

【其の参】　さくら市

栃木の温泉の歴史は古く、県内最古の温泉地である那須温泉元湯・鹿の湯は、実に開湯《かいとう》から千三百年以上の歳月を経ている。当初は将軍や大名、僧侶などの限られた身分の者のみが湯治に利用していたが、江戸時代に入り、日光街道・奥州街道が整備されたことによって、江戸からの温泉湯治の旅は庶民の間でも流行するようになった。

現代においても、鬼怒川温泉郷などは〈東京の奥座敷〉の呼び名があったりと、首都圏から気軽に訪れることができる温泉地の代表格として、栃木の数々の名湯は並ぶであろう。

埼玉県在住のマサエさんも、息子さんが栃木で就職し移住したのをきっかけに、栃木の温泉巡りを始めるようになった。腰痛持ちであった彼女が行き着いたのは、ふた月に一度ほど、長期滞留が可能な民宿を利用しての湯治であった。

民宿近くの公共浴場には、マサエさん同様関東近郊からの利用客もいれば地元民も多く訪れており、滞在を重ねるうちに、顔見知りが増えてゆくのも楽しかった。

湯治旅行のたびに見かける、同世代の御夫婦がいた。県内からほぼ毎日のように通っているというその御夫婦は、御主人の定年後殆どの時間を二人で過ごしているのだと聞いた。

当時六十代後半だったマサエさん。御主人は未だ研究者として仕事に忙しくしていたので、湯治に同行することはなく、マサエさんは湯上がりの休憩所で仲睦《むつ》まじく寛ぐこの御夫婦を、羨ましく感じていたという。

しかしある日を境に、御夫婦の姿が見られなくなってしまった。時間を変えて浴場を訪れてみたりもしたが、会えることはなく、

「どうなされたのかねぇ」

と、マサエさんは顔馴染みの温泉客らと、名前も知らない御夫婦を気に掛けていた。

半年ほど過ぎた頃、湯治に来ていたマサエさんが、宿から浴場に向かう際、駐車場に駐まった一台の車から、話題にしていた御夫婦の御主人が降りてくるのを目撃した。反射的にいつも一緒にいた奥さんの姿を探すと、御主人の背後にぴったりと寄り添うように並び微笑む奥さんを見つけた。

相変わらず仲がいいことである。ここ半年どうしていたのか、後でゆっくり話を聞こう。とりあえず浴場へと向かったマサエさんだったが、すぐに会えるだろうと思った御夫婦の奥さんが、いつまで経っても女湯に現れない。比較的長湯であるマサエさんが上がるまで、どうしたことか、結局奥さんは浴場には姿を見せなかった。

妙な胸騒ぎは的中した。

「どうも、御無沙汰しています」

畳敷きの休憩所で休んでいた、風呂上りと思われる御主人の方が、マサエさんを見つけて頭を下げてきた。

「お久しぶりです。お変わりございませんでしたか？」

ところで奥様は？　と続けるよりも先に、穏やかな声で御主人が告げた。

「いえ、実は半年前に妻が他界しまして」

脳溢血《のういっけつ》で、あっという間の別れであったという。

奥さんは、まだ御主人の近くにいると思います。駐車場で御主人の傍に奥さんがいたのを、確かにこの目で見たんです。

マサエさんは喉まで出かかった言葉を飲み込んで、御主人にお悔やみを述べた。

あれほど仲の良かった二人であったが、亡くなった後もその存在が近くにいると告げてしまったら、御主人が怖がるかもと思ったからだ。

しかしその後、マサエさんの御主人が彼女を残して病で先に旅立った際、湯治場で出会った御主人に奥さんのことを告げなかった過去を思い出し、深く後悔したという。

「幽霊でもいいから、傍にいてほしい」

マサエさん同様、彼も強くそう願っていたに違いないと、連れ合いを亡くして初めて分かったからである。

マサエさんと件の御夫婦が通っていたのは、栃木県央さくら市に存在する、日本三大美肌の湯と評される温泉地K。

泉質は硫黄・塩分・鉄分を含むナトリウム塩化物泉。筆者も贔屓《ひいき》にしている、上質の湯であることを加えておく。

【其の肆《し》】 日光市

江戸時代に発見された栃木県北部・鬼怒川の渓谷沿いに位置する二つの温泉は、創傷に効能があるとして「傷は川治、火傷は滝」と評判を呼び、湯治客から愛されてきた。

続いて記すのは、川治温泉を川沿いに南下した、かつて滝温泉と称されていた地での体験談。本項も諸事情により、明確な地名の表記を避けることをお許しいただきたい。

幼少時から家族旅行で、話の舞台となる温泉郷を頻繁に訪れている、栃木県出身・在住のヨウコさん。

彼女が暮らす、県庁所在地である宇都宮から同温泉郷までは車で一時間弱。愛猫のために長期の外泊は避けていたヨウコさん一家は、近場での一泊温泉旅行を毎年の恒例行事としていた。それはかれこれ三十年以上にも亘り、両親に連れられて訪れていた温泉旅行は、現在ではヨウコさんが高齢の御両親を連れて行く孝行旅行になっていた。

ここ近年、権利者の問題や立地による解体の難しさから、温泉地を南北に流れる川沿いに建つ廃業したホテル群の、急速な廃墟化が進んでいた。

長く同地を訪れているヨウコさんは、廃業したホテルの変わりゆく姿もずっと見てきていたし、そのうちの一つにかつて宿泊したこともあったそうだ。

廃墟群は、あくまでも川の片岸に連なる数軒の廃業したホテルのみであり、川を挟んだ対岸には週末はすぐに満室になってしまうほどの人気ホテルが並び、観光客で賑わいを見せている。

ヨウコさん家族が近年常宿にしていたホテルからも、廃墟群を望むことができた。峡谷にそびえる朽ちてゆく建物を目にするたびに、「これが盛者必衰《じょうしゃひっすい》の理《ことわり》か」と感を深くしていたという。

廃墟のホテルに「明かりが灯っていた」「人影が見えた」などの声もあり、心霊スポットだとの噂もあるが、ヨウコさんによれば、

「向かいの営業中のホテルの照明の反射が、そういう風に見えるんじゃないですかね。それと以前は肝試しと称して、不法侵入する若い子も多かったみたいだし」

とのこと（現在は同温泉郷のある市町村が、開口部の封鎖工事などを実施し不法侵入対策を進めている）。

だがヨウコさんは、とあるホテルで不可思議な体験をしている。

新型ウイルス感染症の世界的流行に伴い県外への移動が自粛されていた時期に、地元の観光業を応援しようと、ヨウコさんと御両親は恒例の温泉旅行を計画した。食べ放題のレストランも大浴場も感染対策のため人数制限があったからなのか、宿泊客は少なかった。

チェックイン直後、ヨウコさんが一人で向かった大浴場も人影はまばらで、ホテルの経営を思慮もしたが、ゆっくりお湯を楽しむ時間が持てた。

ヨウコさんのお気に入りは、同浴場の半露天風呂だ。屋外ではなく天井のある室内で、壁面に設えられた大きな窓を開放することによって景色を堪能し外気に触れることのできる浴場。

その半露天風呂から川沿いの廃墟群を眺めることが、ヨウコさんの楽しみであった。

半露天風呂は、ガラス張りの一室となっているので大浴場から中の様子が分かる。一人湯船につかる、先客の後ろ姿が見えた。六畳ほどのスペースなので、窓が開いているとはいえ他人との入浴は避けるべきかと、ヨウコさんは身体を洗ったり内風呂に入ったりして半露天風呂が空くのを待った。

十分ほど経ちガラス越しに半露天風呂を覗くと、依然として先ほどの客がいる。湯船の縁に腰掛け、こちらに背を向け外を眺めている。湯気で曇ったガラスの向こうにぼんやり見えるのは、光るような白い肌が美しい、若さ溢れる体つきの女性客だ。

だが、長い黒髪を束ねることもせずに下ろしたままである。入浴の際には、湯につからぬようまとめるのがマナーだろう。これだから今どきの若い人は——と、ヨウコさんは苦々しく思った。しかし、こんな相手に気を使う必要もない。自分も入ってしまおうと半露天風呂のガラス扉に手を掛けた。

そのとき、女性客が後ろ髪を身体の前に持っていく仕草を見せた。露わになった背中に走った赤黒い大きな傷が、ヨウコさんの目を釘付けにした。

思わず扉を開ける手が止まったヨウコさんの視界から、あろうことかその女性の姿は湯けむりに溶けるように掻き消えた。大がかりな手品かと驚き、扉を開けて中を確認したが、半露天風呂には誰の姿もなかった。

傷は川治、火傷は滝。

ヨウコさんの眼前で消えた女性は、背中の傷を癒やしに湯を訪れたのだろうか。

荒廃した建造物を眺めながら、何を想っていたのだろうか。

「消える前にその女の人、私のほうに振り返ったんですよ。視線が合った記憶はあるのに、彼女の顔は一切思い出せないんですよね」

ヨウコさんの腕に鳥肌を立たせたのは、窓から入る初秋の風だけではなかったという。

ダムの底

伴さんは昔、宇都宮市内の小学校に通っていた。

そのクラスには秘密の合い言葉があって、それは『特にないです』というものだった。

先生からの『分からないところありますか?』などの問いかけに、『特にないです』と答える決まりである。

あるとき、彼らのクラスは鬼怒川上流のとあるダムへと見学に出かけた。

日光の北、鬼怒川の奥にはダムが幾つもある。

「職員の人がよ、一生懸命説明してくれてんのに、俺らときたら『質問ありますか?』に『特にないです!』だもんな」

一通りの見学を終え、説明の後の質問タイムになった。

この日も彼らは合い言葉で乗り切るつもりだったことだろう。

ところが、あろうことかたった一人、根暗で知られる副島という男子が挙手してしまったのだ。

説明にあたっていた職員は満面の笑顔で、副島君を指名した。副島君は立ち上がったが、焼けるようなダム上のコンクリートに体育座りするクラス全員の視線は、冷たい。

しかも、副島君はもじもじしてなかなか質問をしない。

「どうしたのかな？　恥ずかしがらずに質問してみよう！」

副島君はようやく思い切ったように、眼下に広がるダム湖を指差したが――結局何も言わずに座ってしまった。


後日、ダム見学の記念写真が教室の壁に貼りだされた。

写真には通し番号が振ってある。手元に置きたいものを選んで番号を紙に書き、焼き増しを注文するシステムである。

十四番。

その写真はダム湖の水面を撮った一枚だった。

そこには、水の中にぽっかりと浮かぶ、人の顔が写っていた。

「小せく写ってるだけだったが、顔っちゃあ顔だ。い～やちょっと騒ぎになったね。俺は『要らねえ！』って言って、こっそり十四って書いて注文したけどさ」

焼き増しされた写真には、その顔は写っていなかったそうなのだ。

この話のために、伴さんはわざわざアルバムをひっくり返してその日の写真を探してくれた。

「……多分、いや、分かんねえけど、これだと思う。ダムが何か干上がって見えんべ」

その写真だけプリントがまずかったのか、他の写真より酷く褪色《たいしょく》が進んでしまっていた。

まるで百年も前の写真である。深い碧《あお》を湛えていたであろうダムの水面は見る影もなく、くすんだ茶色。

なるほど、干上がったダムだ。

「……顔に見えっぺな」

その底に、顔というか髑髏《どくろ》が一つ、沈んでいた。

神となった男が眠る地で

「日光を見ずして結構と言うなかれ」

江戸時代から伝わるこの言葉は、栃木が誇る世界遺産・日光の社寺のうち、特に日光東照宮を指し、「日光の東照宮を見ることなく、結構（＝優れていて、欠点のない様）を語るな」と、豪華絢爛《けんらん》な日光東照宮の建造物を称賛する意味合いを持つ。

「一周忌を過ぎたら、日光山に小さな堂を建てて勧請《かんじょう》せよ（神として祀れ）。さすれば自分は関八州（現・関東地方）の鎮守となろう」

徳川初代将軍・家康公を、その遺言に基づいて一周忌（一六一七年）に朝廷から授かった神号により東照大権現《とうしょうだいごんげん》として祀った神社である日光東照宮。因みに現在の壮麗な社殿群は、三代将軍・家光公の命で、一六三六年の家康公の二十一回忌に向けて行われた、寛永の大造替《だいぞうたい》に建て替えられたものである。

本殿、陽明門、眠り猫など八棟が国宝に、五重塔、石鳥居、神厩舎《しんきゅうしゃ》（三猿）など三十四棟が重要文化財に指定された、歴史的に大変貴重な建造物や彫刻も見どころの一つであるが、日本屈指のパワースポットとしても、日光東照宮は広く世間に知られているといえよう。

家康公が祀られる遥か以前から、日光は霊峰・男体山を神体山《しんたいさん》とする山岳信仰の聖地であり、修行僧・修験者の信奉を集めていた関東最大の霊場であった。

霊験あらたかな地であることに加え、東照宮は江戸城から真北の方角に鎮座し、本殿前の陽明門は、北極星を最高神とした道教の北辰《ほくしん》信仰に基づき、上空に北極星が位置するように建造されている。この地から神格化された家康公が見守り続けていることが、徳川家十五代に亘る江戸の統治、首都として発展を遂げた東京の繁栄を支える、守護の力になっているのではとの説もある。


「やっぱり東照宮には、人知を超えたパワーがあるんだなって感じたの」

そう語ってくれたのは、都内在住のカツミさん。彼女はツアーナースのお仕事をされていて、日光社寺を訪れる機会が多々あった。

ツアーナースとは文字通り旅行に付き添い、参加者の体調管理、急病や怪我の対応などを行う看護師を指す。対象は小中高の修学旅行、企業の社員旅行、旅行会社企画のツアーと様々だが、カツミさんは主に小学校の行事に同行していた。遠方に住む甥っ子らが小学生だったので、親しみがあったのが理由だそうだ。

林間・臨海学校、移動教室に修学旅行と、滞在期間も宿泊地も多種多様の小学校行事の中から、専門の派遣会社を通じて、希望の日程を登録する。年間を通じて、主に都内近郊の小学校の多数が、高学年時の校外学習などの行程で日光を選択しているので、プライベートでも何度か同地を訪れ、山内に点在する歴史的建造物と緑豊かな大自然との調和に魅了されていたカツミさんは、ツアーナースの業務においても、日光行きの募集があった際には積極的に申し込んでいた。

「毎回、というのは大げさだけど、ツアーの何回か一回にはよく起きることなんだけれど」

明らかに、日光の地が放つ氣《き》やパワーといったものに〈当てられる〉児童がいるという。

「寸前まで友達と普通に話したり笑ったり元気にしていた子が、いざ東照宮を拝観しようとなると、いきなり具合が悪くなっちゃうのよ」

症状は様々で、めまいや吐き気、汗や震えが止まらなかったり、突然身体中に発疹が出た子もいた。一の鳥居である石鳥居さえ潜れない子もいたり、陽明門へと向かう石段の手前で、座り込んで動けなくなってしまった児童に付き添い、カツミさん自身も拝観を見送ったこともあった。

偶然と言ってしまえばそれまでだが、事前の健康調査では特に問題もなかった子供らのいきなりの体調不良が、東照宮から離れるとケロリと元気になる様子に、カツミさんは車酔いならぬ〈パワー酔い〉と密かに名付けているそうだ。

更に、こんな出来事もあった。

とある小学校の日光行きの校外学習に添乗した際、第一印象からKという児童は最悪だった。

カツミさんの容姿や年齢を執拗《しつよう》にからかってくる。冷静に諫《いさ》めるとその矛先をツアーガイドに向け、話を聞かずに茶々を入れまくりのやりたい放題。

いつものことで教師達も諦めているのか、それとも彼の保護者が有力者か何かで厳しく言えないのか、見て見ぬふりをしてまるで役に立たない。

東照宮の拝観中も、ボランティアガイドの方の説明をまるっきり無視して、フラフラと歩き回ったり小石を蹴ったりと落ち着かない。加えて同じ行動班の女子からは、

「K君が、土足禁止の所にわざと靴で上がっていた」

「触っちゃいけませんって書いてある物に、ベタベタ触っていた」

その上とんでもないことに、

「K君が、（建物に）鼻くそを付けていたんです。注意してください」

などという報告まで届いていた。

しかし、どれも現場を押さえた訳ではなかったので、

「俺、そんなことしていませぇん」

ヘラヘラとKに否定されてしまうと、日雇いの立場では深く踏み込むこともできず、カツミさんは歯がゆい思いで過ごした。

が、そんなKに、意外な方面から鉄槌が下された。

東照宮の拝観を終え、土産屋を巡り、少し離れた駐車場で待機していたバスの元へと辿り着いたときだ。人数確認のために、駐車場で児童達が整列していたところ、

「うわぁぁぁ」

突然発せられた叫び声に振り向くと、尻もちをついた問題児のKが目をむいて辺りを見回している。

「誰だよ、誰がやったんだよ」

周囲に噛みつくが、他の児童達も何が起きたのか分かっていないような顔をしている。

――誰かが後ろから自分の服の襟を引っ張って、転ばされた。

そうKは主張するが、彼は一人で列を外れフラフラしていたので、目撃者もなければ、それを実行できた者も見当たらない。

手をついたときに擦りむいた様子も捻挫の心配もなかったので、そのまま乗車させると、

バスはいろは坂を上り華厳の滝を目指した。

駐車場以降、Kはスイッチが切れたように大人しくなっていた。観瀑《かんばく》を終え宿舎に移動する際、先刻の駐車場の近くをバスが通過した。

「うわぁぁぁぁっ」

再び上がった悲鳴は、やはりKのものだった。

「何だよあれ、何だよあれ、何だよあれ」

頭を抱え、同じ言葉を何度も繰り返すKの身体は小刻みに震えている。

宿舎に着いて改めてKの体調を確認すると、

「誰にも言わないでね」

当初の生意気な態度と打って変わってしおらしく、バスでの出来事についてカツミさんに告げた。

「俺が誰かに引っ張られて倒れたあの駐車場の隣から、爆発が起きたみたいに黒い煙がブワッて出て、バスが飲み込まれちゃうんじゃないかと思って、俺、怖くなって。でも他の誰にも見えてなかったみたいで」

メソメソと涙するKを宥《なだ》めながら、カツミさんは「さもありなん」と心中で感じていた。

駐車場でKが何かに引っ張られたという場所の背後には、県指定文化財・妙堂院釈迦堂《みょうどういんしゃかどう》が位置しており、この境内には県指定史跡・殉死の墓及び譜代家臣の墓の二十四基が、整然と並んでいる。十九基の譜代家臣の墓は、家康公並びに二代将軍・秀忠公に仕えた重臣らの墓碑、そして殉死の墓は、三代将軍・家光公逝去の際に殉死した側近の墓碑となっている。〈殉死〉とは、主君の死に際して臣下が後を追って命を絶つことであり、〈追い腹〉とも称する。

家光公といえば、祖父である家康公への心酔ぶりが伝えられている。そもそも家康公の遺言は、小さなお堂を建てて自らを祀れというものだった。二代・秀忠公はこれを忠実に実行したのであるが、「神となった祖父に相応しく」と荘厳華麗なものに建て替えさせたのが家光公である。更には「自らの霊廟《れいびょう》も祖父が祀られた近くに」とすぐ傍に建てるよう（大猷院《たいゆういん》がそれに当たる）言い残したほどだ。

Kに起きた事象は、家康公を御祭神とする日光東照宮で傍若無人な振る舞いをした子供に対しての、家康・家光両家臣らによる数百年の時を越えての仕置だったのでは――。日光山内《さんない》に溢れる、静閑で厳《おごそ》かな空気に触れたことがある方ならば、そのような考察に至るのも頷けるのではないだろうか。

釈迦堂の墓碑に関しての詳細を、カツミさんはKには伝えなかったという。動揺してせっかくの宿泊学習が台無しになるのが可哀想というよりは、事実を知って不眠になって体調を崩されるほうが面倒、もとい心配であったからだ。

とはいえ、翌朝にはすっかり元気になり、野放図な振る舞いを繰り返していたKには、

「もっと厳しいお仕置きが必要だったかも」

そう述懐する、カツミさんであった。

栃木からの護符

栃木県出身の岡部君は、中学・高校で優秀な成績を修めたスポーツで、都内有名大学への推薦入学を果たした。

同大学は運動部専用の学生寮を数件所持しており、岡部君が入寮したのは東京郊外に位置する一棟であった。旧寮の老朽化に伴い、移転・新築されて間もない建物で、充実したトレーニングルームにエアコン完備の居室と想像以上に綺麗な物件に、岡部君は「いいタイミングで入学できたな」と喜んでいた。

だが、一つ気になる点があった。寮の北側が、小さな墓地に面していたのだ。十基にも満たない古い墓石を並べ、入り口を鉄製の門扉で固く閉ざした墓所である。看板も出ておらず、どこの寺院や自治体が管理しているのかも分からない。

とはいえ、亡くなった方々がきちんと供養されて眠っている場所と考えればさほど恐怖感はない。何より寮で生活を共にするのは筋骨たくましい体育会系男子ばかりであり、隣接する墓地に恐れを抱く学生はいなかった。

しかし、寮生活を続けていくうちにじわじわと、彼らの日常生活に怪異が忍び寄ってきた。

金縛りに悩まされる者、誰もいないはずの部屋から異音を聞く者、不気味な人影を目撃する者、正体不明の視線に怯える者。運動部の猛者達も、夜ごと続く奇怪な現象に不安を覚えるようになった。

岡部君も二人一部屋の寮の居室で、二年生のときにこんな体験をした。

「金縛りに遭うんですよ」

寝不足を訴える同室の後輩は、毎晩のように就寝中にうなされていた。

ある夜に、また金縛りに掛かっているのか、気を付けの姿勢でベッドの中で唸り声を上げていた後輩が、突然「ふふふふ」と女性の声で笑いだした。先ほどまで苦しげに顔を歪めていたのに、満面の笑みを浮かべている。それだけではない。

「誰だ、こいつ」と、混乱してしまうほど、後輩の容貌が赤の他人に変わって見え、岡部君を震撼させた。

問題は寮内だけでは治まらなかった。

怪我をする生徒が段違いに増えた。練習中、試合中、通学の際と、寮以外の場所での負傷の報告が続いた。激しいスポーツをしているのだから怪我は付き物ではある。だが、日常生活に支障が出るほどの怪我をする生徒の全員が、隣の墓地に面した北側の部屋の住人であったことに寮生は狼狽《ろうばい》した。

更に、運動部が遠征試合中に事故に巻き込まれ、一人の生徒が生死に関わるほどの大怪我を負った。その生徒の部屋も、正に墓地側であった。

この事態に、遂に大学や保護者も動きだした。大学の上層部の人物が贔屓にしているという占い師が寮に派遣されると聞いた学生達は、「大人も原因は隣の墓にあると思っているのか」と、ざわついた。しかし、寮と墓地を見にやってきた占い師からは、

「自分の手には負えない」

と、それ以上の関与を断られてしまった。

現在寮がある場所には、以前平屋の住宅があったらしい。占い師の説明によれば、その時点では〈氣〉なるものの流れに問題はなかった。だが、墓所の隣に三階建ての寮を建てたことによって、それが滞ってしまった。西側にも四階建てのマンションが建っているが、墓地側には一切窓を設けていないため、澱んだ氣が全て寮のほうへ流れ込んでいる。

その上、寮のゴミ集積所が致命的になった。土地の、墓地に面した一画にゴミ集積所を作ってしまったのだ。これでは墓地にゴミをお供えしているのにも等しい。可燃ガスの吹き溜まりに投げ込んだ一本のマッチだ。お祓いでどうにかなる時期は過ぎた――それが、占い師の見解であった。

墓地側の部屋の住人でありながら、この時点で岡部君は怪我を負うことも事故に遭うこ

ともなく過ごせていた。しかし、寮で起きている問題を聞いた親御さんは大層心配し、「これを部屋に貼りなさい」と、岡部君の栃木の実家近くにある寺院のお札を、我が子のために郵送した。

岡部君がそのお札を寮の部屋に貼ると、驚いたことに高名な占い師さえ音を上げた怪異がぴたりと収まった。就寝時に襲われる金縛りも、正体不明の怪しい影も、大怪我の発生も止まったのだ。

日光山中禅寺。

世界遺産・日光の社寺を含む日光山を開山した勝道上人《しょうどうしょうにん》によって、輪王寺の別院として建立された、千二百年以上の歴史を持つ寺院である。お札は、そこから授与されたものだった。

いろは坂を上った先、標高一二六九メートルの高地に広がる県内最大の湖・中禅寺湖は、畔に建つこの寺が名前の由来となっている。御本尊の立木観音は、根が付いたままの桂の木に彫られた重要文化財・十一面千手観世音菩薩であり、そのお姿は勝道上人が中禅寺湖の湖上に御覧になったという観音様を元にしていると伝えられ、坂東三十三観音霊場の一つとして多くの参拝者が訪れている。堂内の五大堂からは湖と、山全体が御神体とされている霊峰・男体山が一望できる霊験あらたかな古刹《こさつ》。

諸願成就。多種多様に亘る願い事を叶えてくれるという、御本尊の千手観音様の御利益が岡部君の身を護り、更には学生寮に降りかかった災厄を清めてくれたのかもしれない。

事実、幼少の頃から中禅寺のお守りを所持していた岡部君は、大きな怪我や故障もなく、長年競技を続けることができていた。

ただ一つ気掛かりなのは、今春岡部君は大学を卒業し、退寮したことである。日本屈指のパワースポット・日光で生まれ育った岡部君不在の寮で、中禅寺のお札が果たしていつまで効力を発揮してくれるのか。

「何事もなく、後輩達が活動を続けてくれれば」

ＯＢとなった岡部君の願いが届くことを祈る。

湖上の帆船

日光山中禅寺にまつわる話を、続けて記す。

東京在住のキミコさんが、ひとり娘のミツキさんと親娘で日光旅行へ訪れた際、中禅寺への参拝を旅程に組んだ。御本尊の立木観音の拝観に加え、境内に建つ愛染明王《あいぜんみょうおう》を祀る愛染堂のお参りも目的の一つであった。

愛染明王は愛欲の煩悩を菩提《ぼだい》＝悟りの心に到達させる力を持つ真言密教の明王であり、縁結び、恋愛成就、夫婦円満などの御利益があると言われている。年頃のミツキさんの良縁を願う母心からの配慮であったが、当のミツキさんは「大きなお世話」と恋愛事情に関しては熱量が低かった。

簡単に愛染堂の参拝を終え、本堂に向かい立木観音を拝観する。その後、順路に従って階段を上っていくと、不動明王、降三世《ごうざんぜ》明王、軍荼利《ぐんだり》明王、大威徳《だいいとく》明王、金剛夜叉《こんごうやしゃ》明王の五大明王像が安置された五大堂に出る。御堂は高台に造営されているため、さながら展望台のように眼下の絶景を堪能することができる。

中禅寺湖と霊峰・男体山の大パノラマに、キミコさん親娘は感嘆の溜め息を漏らし、長

い間眺め続けていたが、

「あ、あの船なんだろ？　凄い！　レトロで可愛い！　乗れるのかな？」

突然、ミツキさんが湖面を指差し声を上げた。

「ほらあそこだよ。金色の帆掛け船みたいな奴」

興奮した口調でミツキさんは続けるが、キミコさんは凪《な》いだ湖面に娘さんのいう船の姿を見つけることができない。

「あれ？　見えなくなっちゃった」

確かに金色の帆船が、滑るように湖を走っていたのが見えたのだと訴えるミツキさん。

中禅寺湖には遊覧船が運航しているが、ガイドブックで見たのは白い二階建ての船だ。セーリング中のヨットかウインドサーフィンだったのでは？　と問えば、

「違う。七福神のイラストとかでよく見る、大きな帆を張った金色の船だった」

と、ミツキさんは言い張ったが、参拝を終え湖を散策しても、それらしき船は湖上にも桟橋にもどこにも見当たらなかった。

日光開山の祖・勝道上人が湖面に目撃した観音様が、中禅寺の御本尊「立木観音」のお姿の元になったと伝えられている。ミツキさんが目にした金色の帆船も、観音様にまつわる吉兆の表れだったのではないか——というのを裏付ける出会いが、その後彼女に訪れた。

旅行後に偶然再会した旧友からの繋がりで、良縁に恵まれとんとん拍子で結婚が決まったのだ。

「もし、あのとき私も金色の船が見えていたら、再婚できたのかも。たられぱだけどね」

そう語るキミコさんは、もうすぐ初孫に会えるとのこと。

中禅寺境内にある波乃利《はしり》大黒天堂では、やはり中禅寺湖の波の上に現れた大黒天が祀られ、〈波を走る〉が〈順調なお産〉を連想させるということで、安産の御利益があると言われている。

ミツキさんの安産祈願のために、近々中禅寺への再訪を考えていると、キミコさんは語ってくれた。

217　湖上の帆船

あとがき

三十路の声を聞く頃に、生まれ育った東京から栃木北部の町に移り住み、二十と余年が経ちました。

煌《きら》めくネオンと雑踏が心休まるエレメントであった私が、田園広がるのどかな土地での暮らしを選択したことに、周囲の人間は「すぐに音を上げるだろう」と密かに思っていたとかいないとか。実際当時は、友達も知り合いもなく旦那の帰りも毎晩遅い上、静かすぎる立地の自宅に一人、極度のホームシックに陥っていたのも事実でして。

それでも「住めば都」とはよく言ったもので、二人の息子の育児を通じて多くの友人に恵まれ、忙しくも充実した日々を送るうちに、子供たちの成長と同様に、私の栃木愛も大きく育っていったのです。

下野新聞を愛読し、馴染みの宿を鬼怒川温泉に持ち、夫婦で熱烈なH．C．栃木日光アイスバックスのサポーター。食す苺は栃木産ONLYで、佐野ラーメンに宇都宮餃子、いもフライに温泉パンも大好物（ごめんなさい。〈しもつかれ〉だけはいまだ苦手です）。豊かな自然と優れた歴史文化、多彩な魅力が溢れるこの地に、現在の私は並々ならぬ愛情を抱き、その栃木愛たるや、某コンビ芸人さんに勝るとも劣らないと自負しております。

そんな私ゆえ、竹書房怪談文庫から続々と出版される日本全国の御当地怪談本に栃木県が取り上げられるのを、今か今かと心待ちにしておりました。

そしてついに本年二〇二三年、折しも栃木県誕生百五十周年を迎える節目の年に、上梓が決まった本書『栃木怪談』。著者の一人として参加できるとお話をいただいた際には、喜びのあまり小躍りするほどでありました（日光和楽踊り。踊れます、私）。

取材した怪談の執筆に当たり、〈縁〉というものを大事にしたいと心に留めております。縁＝えん、えにし、ゆかり、よすが。体験者様が怪異に出会ったのも（決して良縁だけではないけれど）ひとつの縁、そしてその貴重なお話を私が伺うことができたのも何かの縁。

本書を手に取り、最後までお読みくださった読者の皆様とも、御縁ができましたことを心より感謝しつつ、次なる怪異を綴るためにも新たな縁を結べるよう、精進したく思っております。

またいつかどこかで、お会いしましょう。

松本エムザ

あとがき

最近書店でよく見かける御当地怪談本。いつ栃木のものが発売されるのかと思っていたところ、まさか自分も関わるとは思っていませんでした。

私は県南部で生まれ育ちました。周囲は田圃で坂がなく、冬は冷たく乾燥した北風の吹くところでした。

現在は栃木を離れておりますが、年末年始は地元で過ごします。栃木市、小山市、佐野市へは今でもよく行きます。海を見たら、全力で燥《はしや》ぎます。

昔と違って駅に近いところは随分と変わった。便利になった。そんな印象を受けます。

私の書いたものは、昔の話が多いです。調べてみると現在はもう存在しない建物や場所も多く、その辺でかなり苦労しました。

中学生の頃、交通事故が多い所謂『出る』と噂のあった場所を思い出し、調べてみたのですが見つからないということもありました。

こんなこともありました。知り合いのお坊様に、栃木県の怖い話はないかと電話で訊ねたときのことです。

「九尾はやっぱりいたほうがいい？」

こう聞かれたので「いるなら見てみたい」と軽い気持ちで答えました。

――見たら髪の毛が全部抜けるとか、両目が見えなくなるとか大変なことになるかも。だから見ないほうがいい。

怖かったので、見るのは諦めようと思います。

また、「河童はもう絶滅危惧種だけど、鹿沼のほうにならまだいるかもしれない」との情報も。他にも日光方面で怖い話があるとのことでしたが、取材が間に合いませんでした。

この本を手に取ってくださった方が、もっと栃木県を好きになってくれたら嬉しい。そんな気持ちでいっぱいです。

ああ、いもフライと佐野ラーメンと餃子が食べたい。ゆるキャラの〈とち介〉可愛いですよ。

最後までありがとうございました。

橘 百花

編集に寄せて

本書は怪談本である。怪談とは怪しい話である。

怪しい話は怪しいまま、地名など明らかにしないほうが良いだろうと愚考するのだが、何やら近年『御当地怪談』なるものがホットらしい。

怪しい話である。


そのような観点からは本書の編著にも思うところがあり、そもそも筆者では力が及ばない——無理だ——と思ったけれど、他でもない故郷の話なのだから困難ごと引き受けるべきだろうと居直った。

人生で東京暮らしのほうが長くなり、若い頃は碌に顧みなかった故郷というものも、家族ができると途端に有り難みを感じるようになる。

教えたい話、見せたい場所、そうしたものが出てくるわけだ。

世にこれを加齢と呼ぶのだろうが、ここではノスタルジーと呼ばせていただきたい。お願いします。

もし本書にもその個人的なノスタルジーが混じっているとしたら付き合わされたほうはたまったものではないと思うので、ここでお詫びと感謝を申し上げたい。

取材させていただいた方々、泊めていただいた旅館・ゲストハウス、食事を提供してくださった方々に感謝を。本書の取材は、とても楽しいものだった。

また、参加されたお二人の共著者には多大な労力と御面倒をおかけした。『何でもいい』と言っていた癖に『これは駄目』と言い出した挙げ句、構成案も意味の分からないものだったことだろう。性格のおかしい人物と覚えられたに違いない。

出版には更に多くの関係者の御助力があった。加えて本書では、多くの文献・論文の力もお借りしている。これらを世に出し、また残してくれた先人・出版関係者にも、尊敬の念とともに感謝を申し上げたい。

そして勿論、本書をお手に取られた皆様へ。『栃木怪談』なる書名をして、どれどれと御高覧の皆様。僭越《せんえつ》ながら皆様に栃木の魅力をお伝えするべくこの本は生まれた。

皆様なくして本書は存在し得ない。

故郷に捧ぐひとつの感謝の形として迎えられれば、至上の幸福である。

二〇二三年　十一月

深澤夜

★読者アンケートのお願い

本書のご感想をお寄せください。アンケートをお寄せいただきました方から抽選で10名様に図書カードを差し上げます。

(締切：2023年12月31日まで)

応募フォームはこちら

栃木怪談

2023年12月6日　初版第一刷発行

編著……深澤 夜
共著……松本エムザ・橘 百花
監修……加藤 一
カバーデザイン……橋元浩明（sowhat.Inc）

発行人……後藤明信
発行所……株式会社　竹書房
〒102-0075　東京都千代田区三番町8-1　三番町東急ビル6F
email: info@takeshobo.co.jp
http://www.takeshobo.co.jp
印刷・製本……中央精版印刷株式会社